海上絲綢之路基本文獻叢書

海東逸史

〔清〕翁洲老民 手稿

文物出版社

圖書在版編目（CIP）數據

海東逸史 /（清）翁洲老民手稿. -- 北京 : 文物出版社, 2022.6
（海上絲綢之路基本文獻叢書）
ISBN 978-7-5010-7521-8

Ⅰ. ①海… Ⅱ. ①翁… Ⅲ. ①歷史人物－列傳－中國－清代 Ⅳ. ①K820.49

中國版本圖書館CIP數據核字（2022）第065595號

海上絲綢之路基本文獻叢書

海東逸史

著　　者：〔清〕翁洲老民
策　　划：盛世博閱（北京）文化有限責任公司

封面設計：鞏榮彪
責任編輯：劉永海
責任印製：張　麗

出版發行：文物出版社
社　　址：北京市東城區東直門内北小街2號樓
郵　　編：100007
網　　址：http://www.wenwu.com
郵　　箱：web@wenwu.com
經　　銷：新華書店
印　　刷：北京旺都印務有限公司
開　　本：787mm×1092mm　1/16
印　　張：13.75
版　　次：2022年6月第1版
印　　次：2022年6月第1次印刷
書　　號：ISBN 978-7-5010-7521-8
定　　價：96.00圓

總緒

海上絲綢之路，一般意義上是指從秦漢至鴉片戰争前中國與世界進行政治、經濟、文化交流的海上通道，主要分爲經由黄海、東海的海路最終抵達日本列島及朝鮮半島的東海航綫和以徐聞、合浦、廣州、泉州爲起點通往東南亞及印度洋地區的南海航綫。

在中國古代文獻中，最早、最詳細記載『海上絲綢之路』航綫的是東漢班固的《漢書·地理志》，詳細記載了西漢黄門譯長率領應募者入海『齎黄金雜繒而往』之事，書中所出現的地理記載與東南亞地區相關，并與實際的地理狀况基本相符。

東漢後，中國進入魏晉南北朝長達三百多年的分裂割據時期，絲路上的交往也走向低谷。這一時期的絲路交往，以法顯的西行最爲著名。法顯作爲從陸路西行到印度，再由海路回國的第一人，根據親身經歷所寫的《佛國記》（又稱《法顯傳》）一書，詳細介紹了古代中亞和印度、巴基斯坦、斯里蘭卡等地的歷史及風土人情，是瞭解和研究海陸絲綢之路的珍貴歷史資料。

隨着隋唐的統一，中國經濟重心的南移，中國與西方交通以海路爲主，海上絲綢之路進入大發展時期。廣州成爲唐朝最大的海外貿易中心，朝廷設立市舶司，專門管理海外貿易。唐代著名的地理學家賈耽（七三〇～八〇五年）的《皇華四達記》記載了從廣州通往阿拉伯地區的海上交通『廣州通夷道』，詳述了從廣州港出發，經越南、馬來半島、蘇門答臘半島至印度、錫蘭，直至波斯灣沿岸各國的航綫及沿途地區的方位、名稱、島礁、山川、民俗等。譯經大師義净西行求法，將沿途見聞寫成著作《大唐西域求法高僧傳》，詳細記載了海上絲綢之路的發展變化，是我們瞭解絲綢之路不可多得的第一手資料。

宋代的造船技術和航海技術顯著提高，指南針廣泛應用於航海，中國商船的遠航能力大大提升。北宋徐兢的《宣和奉使高麗圖經》詳細記述了船舶製造、海洋地理和往來航綫，是研究宋代海外交通史、中朝友好關係史、中朝經濟文化交流史的重要文獻。南宋趙汝適《諸蕃志》記載，南海有五十三個國家和地區與南宋通商貿易，形成了通往日本、高麗、東南亞、印度、波斯、阿拉伯等地的『海上絲綢之路』。宋代爲了加强商貿往來，於北宋神宗元豐三年（一〇八〇年）頒佈了中國歷史上第一部海洋貿易管理條例《廣州市舶條法》，并稱爲宋代貿易管理的制度範本。

元朝在經濟上採用重商主義政策，鼓勵海外貿易，中國與歐洲的聯繫與交往非常頻繁，其中馬可•波羅、伊本•白圖泰等歐洲旅行家來到中國，留下了大量的旅行記，記録元代海上絲綢之路的盛况。元代的汪大淵兩次出海，撰寫出《島夷志略》一書，記録了二百多個國名和地名，其中不少首次見於中國著録，涉及的地理範圍東至菲律賓群島，西至非洲。這些都反映了元朝時中西經濟文化交流的豐富内容。

明、清政府先後多次實施海禁政策，海上絲綢之路的貿易逐漸衰落。但是從明永樂三年至明宣德八年的二十八年裏，鄭和率船隊七下西洋，先後到達的國家多達三十多個，在進行經貿交流的同時，也極大地促進了中外文化的交流，這些都詳見於《西洋蕃國志》《星槎勝覽》《瀛涯勝覽》等典籍中。

關於海上絲綢之路的文獻記述，除上述官員、學者、求法或傳教高僧以及旅行者的著作外，自《漢書》之後，歷代正史大都列有《地理志》《四夷傳》《西域傳》《外國傳》《蠻夷傳》《屬國傳》等篇章，加上唐宋以來衆多的典制類文獻、地方史志文獻，集中反映了歷代王朝對於周邊部族、政權以及西方世界的認識，都是關於海上絲綢之路的原始史料性文獻。

海上絲綢之路概念的形成，經歷了一個演變的過程。十九世紀七十年代德國地理學家費迪南·馮·李希霍芬（Ferdinad Von Richthofen，一八三三～一九〇五），在其《中國：親身旅行和研究成果》第三卷中首次把輸出中國絲綢的東西陸路稱爲『絲綢之路』。有『歐洲漢學泰斗』之稱的法國漢學家沙畹（Édouard Chavannes，一八六五～一九一八），在其一九〇三年著作的《西突厥史料》中提出『絲路有海陸兩道』，蘊涵了海上絲綢之路最初提法。迄今發現最早正式提出『海上絲綢之路』一詞的是日本考古學家三杉隆敏，他在一九六七年出版《中國瓷器之旅：探索海上的絲綢之路》中首次使用『海上絲綢之路』一詞；一九七九年三杉隆敏又出版了《海上絲綢之路》一書，其立意和出發點局限在東西方之間的陶瓷貿易與交流史。

二十世紀八十年代以來，在海外交通史研究中，『海上絲綢之路』一詞逐漸成爲中外學術界廣泛接受的概念。根據姚楠等人研究，饒宗頤先生是華人中最早提出『海上絲綢之路』的人，他的《海道之絲路與昆侖舶》正式提出『海上絲路』的稱謂。選堂先生評價海上絲綢之路是外交、貿易和文化交流作用的通道。此後，大陸學者馮蔚然在一九七八年編寫的《航運史話》中，使用『海上絲綢之路』一詞，這是迄今學界查到的中國大陸最早使用『海上絲綢之路』的人，更多地限於航海活動領域的考察。一九八〇年北京大學陳炎教授提出『海上絲綢之路』研究，并於一九八一年發表《略論海上絲綢之路》一文。他對海上絲綢之路的理解超越以往，且帶有濃厚的愛國主義思想。陳炎教授之後，從事研究海上絲綢之路的學者越來越多，尤其沿海港口城市向聯合國申請海上絲綢之路非物質文化遺産活動，將海上絲綢之路研究推向新高潮。另外，國家把建設『絲綢之路經濟帶』和『二十一世紀海上絲綢之路』作爲對外發展方針，將這一學術課題提升爲國家願景的高度，使海上絲綢之路形成超越學術進入政經層面的熱潮。

與海上絲綢之路學的萬千氣象相對應，海上絲綢之路文獻的整理工作仍顯滯後，遠遠跟不上突飛猛進的研究進展。二〇一八年厦門大學、中山大學等單位聯合發起『海上絲綢之路文獻集成』專案，尚在醖釀當中。我們不揣淺陋，深入調查，廣泛搜集，將有關海上絲綢之路的原始史料文獻和研究文獻，分爲風俗物産、雜史筆記、海防海事、典章檔案等六個類別，彙編成《海上絲綢之路歷史文化叢書》，於二〇二〇年影印出版。此輯面市以來，深受各大圖書館及相關研究者好評。爲讓更多的讀者親近古籍文獻，我們遴選出前編中的菁華，彙編成《海上絲綢之路基本文獻叢書》，以單行本影印出版，以饗讀者，以期爲讀者展現出一幅幅中外經濟文化交流的精美畫卷，爲海上絲綢之路的研究提供歷史借鑒，爲『二十一世紀海上絲綢之路』倡議構想的實踐做好歷史的詮釋和注脚，從而達到『以史爲鑒』『古爲今用』的目的。

凡例

一、本編注重史料的珍稀性，從《海上絲綢之路歷史文化叢書》中遴選出菁華，擬出版百册單行本。

二、本編所選之文獻，其編纂的年代下限至一九四九年。

三、本編排序無嚴格定式，所選之文獻篇幅以二百餘頁爲宜，以便讀者閱讀使用。

四、本編所選文獻，每種前皆注明版本、著者。

五、本編文獻皆爲影印，原始文本掃描之後經過修復處理，仍存原式，少數文獻由於原始底本欠佳，略有模糊之處，不影響閱讀使用。

六、本編原始底本非一時一地之出版物，原書裝幀、開本多有不同，本書彙編之後，統一爲十六開右翻本。

目録

海東逸史

海東逸史

十八卷

〔清〕翁洲老民　手稿

清光緒九年抄本

海東逸史目録

顧行　翁健　△戴仲明　○章有期　○劉世勳

王朝相　○劉朝

紀年欽光作欽堯　朱瑋作朱煒

卷七十　忠義四　△張禕　倪文徵　○朱瑋　鄭欽光

○鄭之琦　張君正　○傅日炯　△趙景麟　趙天生

周西　○張成義　趙甸　葉尚高　朱錫齡

婁文煥　林世英　陳瑞芝　△周容　△朱金芝

紀五昌　趙自新

卷八十　遺民　于穎　○林時對　○李長祥　黃宗羲

○黃宗炎　陳希友　熊日繪　任廷貴　○沈崇埨

△周齊曾　△萬宇泰　盧若騰　△沈文光　朱憲宗

徐桐　馮元飈　董守諭（原闕今補）　堂正中（原闕今補）　王思任

朱之瑜（原闕今補）

甘煇　海澄人　嘉禾廈門舊轄也

[illegible]崇禎[illegible]武舉　庚辰武進士　隆武時（宏光時[illegible]伯）同[illegible]　[illegible]封（進）[illegible]　[illegible]國公

大清光緒九年癸未十一月上浣黔南飲雪軒楊氏鉌樑恭手識

計共萬四千貳百參拾壹字[illegible]

乙酉四月命潞王移駐湖州云
命周魯二王移駐江西廣東
又命移駐台州
周王名恭枵
小腆紀年訪作滂[illegible]之訛是
餘姚兵起在閏月九日

海東逸史卷一

監國紀上

翁洲老民手稿

王諱以海。太祖第十子荒王檀九世孫也。父肅王壽鏞。以崇禎十九年襲封。十二年薨。子以派嗣。十五年。北兵破兖州。自縊死。十七年二月。詔以王紹封。三月京師陷。王避兵南下。五月。福王立於南京。命徙封江廣。暫駐台州。乙酉五月。南京亡。踰月。潞王常淓監國於杭州。不數日出降。閏六月九日。原任兵部尚書右僉都御史張國維自杭州來朝。請王監國。會故九江僉事孫嘉績吏科給事中熊汝霖起兵餘姚。刑部員外郎錢肅樂起兵寧波。

據小腆紀年王以閏六月二十八日監國於紹興

蘇松兵備僉事沈宸荃起兵慈谿並奉表至台而會稽諸生鄭遵謙亦起兵應之既而定海總兵王之仁翁洲參將黃斌卿石浦游擊張名振各以本鎮兵來會王遂赴紹興

七月十八日王至紹興行監國事以分守公署為行在祭告天地祖宗以明年為監國元年立元妃張氏上故皇太子號曰悼皇帝弘光帝曰赧皇帝潞王曰潞閔王

據南疆繹史及小腆紀年十三八至秀東閣大學士

進張國維少傅兼太子太傅兵部尚書武英殿大學士以朱大典宋之晉為東閣大學士國維督師江上大典鎮守金華之晉司粟擬

南疆繹史作之溥

據紀年廿[illegible]典至東陽則加少傅武英殿大學士

小腆紀年云遂由加錢肅樂太僕寺少卿

加孫嘉績熊汝霖錢肅樂沈宸荃皆督師右僉都御史

以鄭遵謙為中軍都督府左都督

以章正宸為吏部尚書（原注：後紹興□棄家為僧）李白春為戶部尚書。王思任

為禮部尚書。張文郁為工部尚書。陳函煇為禮部右侍郎。陳潛

夫為太僕寺少卿。

起原任右庶子余煌為禮部右侍郎。不至。

封嚴州總兵方國安鎮東侯。定海總兵王之仁武寧侯。羣臣皆

奉表勸進、王曰、孤之監國、原非得已、當俟展拜孝陵、徐議樂推

未晚也。

賜鄞縣舉人張煌言進士出身。授翰林院編修。

以原任紹興知府于穎為按察使。行巡撫事。

繹史作武寧伯

是編多杭作人

小腆紀年一書亦當互校

小腆紀年張煌言授翰林編修作……

于穎

蘇松兵備僉事沈宸荃起兵慈谿，並奉表至台。而會稽諸生鄭
遵謙亦起兵應之。既而定海總兵王之仁、翁洲參將黃斌卿、石
浦游擊張名振各以本鎮兵來會。王遂赴紹興。

據小腆紀年，王以閏六月二十八日監國於紹興。

七月十八日，王至紹興，行監國事，以分守公署為行在，祭告天
地祖宗，以明年為監國元年，立元妃張氏。上故皇太子號曰悼
皇帝，弘光帝曰赧皇帝，潞王曰潞閔王。

據南疆繹史及小腆紀年，三人竝為東閣大學士。

南疆繹史作之溥。

進張國維少傅兼太子太傅、兵部尚書、武英殿大學士，以朱大
典、宋之晉為東閣大學士。國維督師江上，大典鎮守金華，之晉
司票擬。

據紀年，[illegible]尚書[illegible]，以[illegible]少傅、武英殿大學士。

小腆紀年云，途中加錢肅樂太僕寺少卿。

加孫嘉績、熊汝霖、錢肅樂、沈宸荃皆督師右僉都御史。

以鄭遵謙為中軍都督府左都督

以章正宸為吏部尚書（原注：後紹興潰棄家為僧）李白春（繹史作占春）為戶部尚書。王思任為禮部尚書。張文郁為工部尚書。陳函煇為禮部右侍郎。陳潛夫為太僕寺少卿。

（南疆繹史云起元為行部左侍郎行吏部事）

（紀年云起函煇為詹事府少詹事，補言選禮部右侍……）

起原任右庶子余煌為禮部右侍郎。不至。

（紀年云為兵部尚書）

封嚴州總兵方國安鎮東侯。定海總兵王之仁武寧（甯）侯。羣臣皆奉表勸進，王曰：孤之監國，原非得已，當俟展拜孝陵，徐議樂推未晚也。

（南疆繹史作……十一月進封侯）

賜鄞縣舉人張煌言進士出身，授翰林院編修。

（小腆紀年張煌言授職編修作八月事，非授行人）

以原任紹興知府于穎為按察使，行巡撫事。

（于穎）

小腆紀年作八月辛

小腆紀年作十月壬辰

鑄大明通寶錢
大學士宋之晉謝政起舊輔方逢年為東閣大學士
張國維連復富陽於潛諸縣
命仁武伯姚志卓守分水
八月原任兵部尚書田仰從海道至拜東閣大學士
九月加按察使于頴右僉都御史督師
十月初二日北兵至方國安嚴陣以待張國維率步援應裨將
王國斌趙天祥繼之連戰十日北兵敗去
以原任吏科都給事中林時對為太常寺卿原任刑部主事莊
元辰為吏科都給事中

十一月進方國安荊國公。王之仁寧國公。封鄭遵謙義興伯。尋
進侯、
議分餉分地、
以編修張煌言為兵科給事中。
以太常寺卿林時對為都察院右僉都御史吏科都給事中莊
元辰為太常寺卿。
加右僉都御史孫嘉績熊汝霖並兵部右侍郎、
閩中遣給事中劉中藻頒詔至。大學士張國維侍郎熊汝霖等
拒之。
王勞軍江上。駐蹕西興。築壇。拜方國安為大將。命各營皆守節

小腆紀年作十月事

制。

馬士英、阮大鋮竄入方國安營，請朝見，不許。

十二月，王回越城，以降臣故太僕卿謝三賓為禮部尚書，兼東

閣大學士。

領監國魯元年大統曆，職方主事黃宗羲所造也。據節本

監國魯元年丙戌，正月乙酉朔，王在紹興。

遣原任天津參政柯夏卿（原注：號遜菴，黃巖人，進士）、太常少卿曹維才使閩中。

以原任右庶子余煌為兵部尚書。

加右僉都御史錢肅樂為兵部右侍郎。

二月，叛將張國柱掠餘姚，其部曲張邦寶掠慈谿。

時加夏卿兵部尚書

柯夏卿崇禎丁丑進士，維才先禧少卿

小腆紀年作乙酉[illegible]

總兵陳梧敗於檇李自乍浦浮海至餘姚大掠職方主事王正中方行縣事集民兵擊殺之

二月閩中遣僉都御史陸清源解餉十萬給浙東方國安縱兵攫之句清源不違蓋馬阮所構也 紀年云國安奪餉殺清源而勝彭狗黃諸臣鑄刻舊國安所留江防諸將江死又攝事在錢唐江戰溺

陸清源字嗣白平湖人崇禎甲戌進士由知縣擢御史以廷推請對留福京說本紀年

三月十九日毅宗大祥戶部郎中董守諭請王哭臨三軍縞素一日從之

北兵決壩放船入錢塘江張國維嚴飭各營守汛王之仁鄭遵謙率水師襲戰敗之

此戰在本月前日

平海將軍周鶴芝議乞師日本黃斌卿止之

四月王正中率師渡海鹽破澉浦城

小腆紀年作三月內事

舟山兼修守海

嘉績未嘗為戶部尚書

丙子謙兵渡錢塘江

潭山　繹史作海壇山　謝山集亦稱潭山戰僅一…

五月。兵部右侍郎錢肅樂棄軍之舟山。

都督陳謙奉使至閩中。為御史錢邦芑所劾。被殺。

加兵部右侍郎孫嘉績戶部尚書。熊汝霖兵部尚書。並兼東閣

大學士。

尚寶寺卿朱大定。太僕寺卿陳潛夫。兵部主事黃宗羲、吳乃武

查繼佐等。會師渡海。劉潭山。以江上兵潰。乃還。（結埼亭集同。繹史作海壇山）

六月朔。江上兵潰。方國安、馬士英等欲劫王投降。遣人守（紀年作六月廿七日。時惟王之仁一軍尚在）

之。會守者病。王得脫。乃由江門出海。令保定伯毛有倫扈元妃

世子。自定海出海。（紀年云魯王奉母妃世子入海）

大學士張國維。兵部尚書余煌。禮部右侍郎陳函輝。通政使吳

□□□□小腆紀年西字金臺萬曆丙辰進士由知縣歷任陝司權通政司左參議至吾字山陰原籍嗣頑小腆紀年譯之

士英字瑤草貴陽人中萬曆丙辰會試又三年成進士　大鋮懷寧人萬曆丙辰進士

小腆紀年繫此事於九月內

從魯太僕寺少卿陳潛夫、翰林院編修徐復儀、江西道御史傅巖、兵部主事萬紱、葉汝蕃、原任山西僉事鄭之尹、諸生傅日炯、趙景麟等皆死之。方逢年、謝三賓、宋之晋、方國安及馬士英、阮大鋮等並降。

□紀年唐王□□□□時復儀□試□□甫□□父母投□死

魯國公王之仁泛海至金陵，死之。北兵破金華，大學士朱大典闔門死之。

富平將軍張名振棄石浦，以舟師扈王出海，授肅虜伯。黃斌卿

斌卿不納。

永勝伯鄭彩至舟山，奉王入閩。

叛將張國柱攻舟山，為水營將阮進所敗，劫元妃世子去。

六月二十四日大學士孫嘉績卒○

八月十一日建寧臨○僉事倪懋熹死之○

二十七日閩中陷○唐藩出奔汀州○為北兵所殺○

唐王名聿鍵小字長壽太祖九世孫其先唐定王桱太祖第二十三子八月廿一日陷汀平○奔由汀州趨江右為清兵所追達至天興福州府[illegible]王至汀州為清兵追及遇害於汀州之府堂時廿八日也

九月以兵科給事中張煌言為右僉都御史

據小腆紀年及年表以丁亥正月進令都御史

十月丁酉王發舟山○

十一月丙寅○王次廈門時鄭芝龍已降北○令彩執王以降○彩不

從○芝龍之北也成功○亦不肯隨父○復建義海上○而以廈門為營○然

亦不欲奉王○改明年為隆武三年○於是鄭彩改次長垣○改明年

為監國二年○海上遂有二朔○

宜改丁

鄭彩字羽[illegible]小字一官福建南安人

彩爲[illegible]

海澄漳浦俱係漳州府屬此
漳平屬龍岩州此書似作漳州府屬誤
繹史封阮駿蕩胡伯終漳
漳平作漳州海澄漳浦俱漳州屬也
宜加彩字

海東逸史卷二

翁洲老民手稿

二年丁亥正月癸𠚍[卯]王在長垣。

辛未[illegible]楊文出[illegible]提督楊耿總兵鄭聯皆以兵來會。進鄭彩建國公。封張名振定西侯，楊耿同安伯，鄭聯定遠伯，周瑞閩安伯。

周鶴芝平夷伯，阮進蕩胡伯，阮駿英義伯。

以原任雲南僉事林汝翥為兵部右侍郎

周鶴芝復海口。以条[參]議林籥[籥]舞總兵趙牧守之。

進冊貴嬪[嬪]陳氏為元妃

二月壬申朔克海澄。明日攻漳平失利。又明日北兵攻海澄南師退入于海。

丙子、克漳浦。以閩人洪有文為令、五日復陷。有文死之。

鄭西王常淞復建寧。其禪將王祈復邵武。

三月、兵部右侍郎林汝翥、吏部員外郎林垐合兵攻福清。不克。死之。

四月、海口陷。參議林齋舞、總兵趙牧死之。周鶴芝退保火燒嶴。

吳松提督吳勝兆反。此命定西侯張名振率舟師赴之。以兵部右侍郎沈廷揚、右僉都御史張煌言、給事中徐孚遠、御史馮京第監其軍。抵崇明。舟覆。名振等從間道脫歸。廷揚被執死之。

六月、攻漳州。失利。

紀年作溪丕核事較詳

小腆紀年據東華錄作常湖常淞爵黃鳌 事在丁亥年四月

戊子二月西清兵克邵武 死之

紀年作福州

小腆紀年作十月事

萬亦丁亥攻福清事 二月

紀年議作謀器作嶼事在四月

吳淞二字另起此事乃丁亥四月也

又兵部作戶部

王至瑯江。錢肅樂來朝。拜兵部尚書。
以閩中原任太僕寺卿劉沂春為右副都御史。原任廣東粮道（糧）
吳鍾巒為通政使。並以錢肅樂薦也。
沿作福清乃上五邑
小腆紀年，八月丙戌，蹙連江，九月庚申，復連江。
按此時鄭彩未克，此說克丙戌陷，俱未可知也
七月王視師。會鄭彩周瑞周鶴芝阮進之師攻福州。敗績。
八月丙戌。克連江。
以右僉都御史沈宸荃為工部尚書
以閩中原任溫州巡撫劉中藻為兵部尚書武英殿大學士
十月長樂永福閩清皆下。羅源知縣朱丕承寧德知縣錢揩皆
小腆紀年作
寧德陷福寧府
丕寧亦作丕承為妥
以城來降
以閩中原任戶部侍郎林正亨為戶部尚書。僉都御史余颺為

小腆紀年作黃賓實從之 相似此係訛之誤大 黃賓實錯書作實之當是

小腆紀年作鄧藩理 此書似脫審字 侍為十八

福安縣安寺時安固縣改昭史地理志閩浙

兩省無安固縣名實正之

左都御史御史林嵋為吏科給事中禮部主事黃岳為吏部考

功司郎中

辛未鄧藩審理陳世亨以一旅復安固後兵不繼復陷被執大

罵而死

遣大學士劉中藻攻福寧州破之鎮將涂登華降

以兵科給事中孫延齡為兵部右侍郎大學士嘉績子也

三年八月丁酉朔王在閩安鎮

遣閣中原任東閣大學士朱繼祚與同安伯楊耿攻興化克之

以兵科給事中陳士京為光祿寺卿奉使粵中

癸丑鄭彩殺大學士熊汝霖義興侯鄭遵謙

黃岳繹史作黃賓（謝山集作黃宗宣，從之）
鄭三才繹史作天才

撥目錄及本傳（小腆紀年作王恩，傳草名）
馬作鄒祁，作祈

兵科給事中陳𢡟友熊曰繪疏參鄭彩逆惡大罪，為諸臣所勸，不果上。

二月，以兵部尚書錢肅樂兼東閣大學士。（[illegible]繹史[illegible]作天才）

北[illegible]封為忠勤伯。

三月，興化陷，吏科給事中林嵋、興泉道湯芬死之。莆田陷，大學士朱繼祚、知縣都廷諫死之。永福陷，里居給事中鄭正職、御史林逢經死之。長樂陷，里居御史王恩及死之。建寧（甯）陷（陷，鄭西王兵死之），守將王祁（祈）死之。王在閩中先後復三府一州二十七縣，至是皆失，僅留寧（甯）德、福安二縣。

六月初五日戊戌，大學士錢肅樂以憂卒。

十月、以工部尚書沈宸荃右副都御史劉沂春並東閣大學士。

四年己丑正月辛酉朔、王次沙埕。

小腆紀年作庚申朔

監察御史黃宗羲自刻中丞、拜為左僉都御史、尋進左副都御史、

三月、寧（甯）德陷。

黃斌卿遣其弟孝卿偕僉都御史馮京第乞師日本。不得要領而還、

據紀年乞師事在去年

四月、福安陷。大學士劉中藻、及其部將董世南等並死之。翰林院簡討錢肅範被執、不屈見殺。

小腆紀年作董世上 姑存之以俟攷

肅範官據本傳作兵科給事中

六月、定西侯張名振復健跳所。

復健跳所表迎監國

紀年作移御史

小腆紀年作乙巳 案曆法是月無乙巳日

七月壬戌。王次健跳所。遣使者拜山寨諸營官爵。授東山寨李長祥、四明寨王翊並都察院右僉都御史。

壬午。北兵圍健跳。蕩胡伯阮進追敗之。

封[illegible]朝先平西伯。

以右僉都御史馮京第為兵部右侍郎。

八月壬辰。世子生。

九月丁酉。張名振、阮進、王朝先共殺黃斌卿。

十月己巳。王移蹕舟山。以參將府為行在。

大學士劉沂春還閩。

以閩中原任戶工二部尚書張肯堂為東閣大學士。吏部右侍

小腆紀年朱永祐以吏部侍郎兼工部右堂仍兼吏部事

小腆紀年作右侍郎紀畧作左侍郎

李長祥爲右侍郎小腆紀年同

案小腆紀年此次乞師日本以澄波將軍阮美爲使

小腆紀年作右侍郎

小腆紀年作八月間事

郎朱永祐為左侍郎。進户部侍郎孫延齡為户部尚書。以右僉
都御史李長祥張煌言並為兵部右侍郎。
命兵部右侍郎馮京第左副都御史黄宗羲乞師日本不得要
領而還。
十二月粤中遣使封鄭成功為延平王閩海始用永厤年號。
左副都御史黄宗羲以母老乞歸許之
五年□月□□□□□王在舟山。
三月右僉都御史四明寨王翊來朝拜兵部左侍郎。
八月兵部左侍郎王翊帥師破新昌、拔虎山進本部尚書。
九月鄭彩與鄭成功爭厦門為成功所敗。泊沙埕。張名振擊破

計當作徐

其餘兵。

以兵科給事中許孚遠為國子監祭酒　據紀年曾作右僉都御史

九月周瑞周鶴芝以樓船三百。分屯溫州之三盤。為舟山犄角。

十月辛亥朔……大食……

十一月北兵攻杜懸兵部右侍郎馮京第死之

……魯王在舟山。

按北兵攻四明寨王翊死之南疆繹史明州繫年錄均作庚寅是順治七年事此作辛卯而王江傳中亦作庚寅鮚埼亭集中紀山寨之破俱敘屬均作寅庚當是此本誤

……朝先并其軍。

……為兵部右侍郎

……部尚書王翊死之　南疆繹史亦在庚寅鮚埼亭集紀山寨之破亦在庚寅是歲為大清順治七年惟張玄箸傳以為六年與此同未知孰是存疑

……張名振英義伯阮駿扈王發舟山。

案小腆紀年朱永祐以吏部侍郎兼工部右侍
仍兼吏部事
小腆紀年作右侍郎紀星作左侍郎
李長祥爲右侍郎小腆紀年同
案小腆紀年此次乞師日本以澄波將
軍阮美爲使
小腆紀年作右侍郎
小腆紀年作八月間事

郎朱永祐爲左侍郎，進戶部侍郎孫延齡爲戶部尚書，以右僉
都御史李長祥、張煌言並爲兵部左侍郎，
命兵部右侍郎馮京第、左副都御史黃宗羲乞師日本，不得要
領而還。
十二月，粵中遣使封鄭成功爲延平王，閩海始用永麻年號。
左副都御史黃宗羲以母老乞歸，許之。
五年[illegible]卯[illegible]王在舟山。
三月，右僉都御史四明寨王翊來朝，拜兵部左侍郎。
八月，兵部左侍郎王翊帥師破新昌、棋虎山，進本部尚書。
九月，鄭彩與鄭成功爭廈門，爲成功所敗，泊沙埕，張名振擊破

許當作徐

小腆紀年正月乙丑朔二月乙卯朔按此[illegible]是年十二月壬寅朔而大清則於是年閏二月也此作乙卯誤也

其餘兵。

以兵科給事中許孚遠為國子監祭酒 據紀年當作右僉都御史

九月周瑞周鶴芝以艛舩三百分屯溫州之三盤。為舟山犄角。

十月丙子朔。日有食之

十一月北兵攻杜嶴兵部右侍郎馮京第死之

六年辛卯正月乙卯朔。王在舟山。

二月乙卯。張名振殺王朝先并其軍。

以太僕寺少卿曹從龍為兵部右侍郎

七月北兵攻四明寨兵部尚書王翊死之 南疆繹史事在庚寅按壽山堂紀寨之破亦在庚寅是歲為大清順治七年按實記順治六年與此同未知孰是存參

北兵會攻行朝定西侯張名振英義伯阮駿扈王發舟山。

八月辛酉北人試舟海口。為南師所敗。獲其樓船。識十一人而縱之。

丙寅大霧。北兵悉抵螺頭門。守陴者方覺。蕩湖伯阮進邀擊大洋。風反。師熸。進死之。

九月丙子。城陷。元妃陳氏投井死。貴嬪張氏。義陽王妃杜氏從之。大學士張肯堂。禮部尚書吳鍾巒。兵部尚書李向中。吏部侍郎朱永祐。通政使參議鄭遵儉。兵科給事中董志寧。兵部郎中朱養時。戶部主事林瑛。江用楫。禮部主事董玄。兵部主事李開國。朱萬年。顧珍。工部主事顧宗堯。工部所正戴仲明。中書舍人蘇兆人。安洋將軍劉世勳。左都督張名揚。錦衣衛指揮王朝相。

中書舍人曾作禮部主事（未知所本）

明楫 據定西侯傳 內明作氏 繹史作明 劉朝 繹史作劉淑

侍郎 以作右侍郎

八月據臺灣外紀 海遠紀 以宗人府正

號字下宜加奉字

內官監太監劉朝、定西侯參謀顧明楫、貢生婁文煥、諸生林世英、朱錫斄等並死之。北兵相謂曰：吾兵南下所不易拔者，江陰、涇縣合舟山而三耳。

七年壬辰正月丙戌，定西侯張名振、大學士沈宸荃、兵部右侍郎張煌言扈王至廈門。

延平王鄭成功朝見，行四拜禮，贄千金、紬緞百匹，供應甚殷，從臣亦皆有贈。尋奉王居金門。

七月，大學士沈宸荃艤舟南日山，遭風，沒于海。

八年癸巳正月戊辰朔，王在金門。

三月，王自去監國號，表滇中。

紀年云名振以成功之師取舟山

九月、定西侯張名振帥師北上、以兵部右侍郎張煌言為監軍、入長江、趨丹陽、掠丹徒、左次崇明、冬盡乃還。

甲午年、王在金門、

二月、定西侯張名振監軍張煌言帥師再入長江。掠瓜洲、侵儀真。抵燕子磯而還。小腆紀年作正月事

乙未年、王在金門、

十一月、鄭成功遣英義伯阮駿總制陳霸之帥師圍舟山。北將巴臣興降。紀年作六御 紀年作四月事 從征實錄、臺灣外紀、航海遺聞之八月次舟山

二十九日、定西侯張名振卒於軍。

丙申年、王在金門

八月二十六日、北師復取舟山、英義伯阮駿總制陳雪之並赴海死、北人以舟山不可守、廹（迫）其民過海、溺死者無算、遂空其地。

紀年作陳六御皆列死

丁酉年王在南澳、

滇中遣吏至加於煌言左侍郎

戊戌年王在南澳

二月（神道碑作三月）延平王鄭成功會師浙海、以兵部左侍郎張煌言為監軍。北伐。抵洋山（神道碑作羊山）、颶風猝至。義陽王溺死。乃還

案小腆紀年作七月間事

己亥年王在南澳

五月延平王鄭成功全師北指。監軍張煌言以所部前驅。入江抵瓜洲克其城、成功南攻鎮江亦克之、大江南北。皆來降附。其

小腆紀年作戊戌年事

二月

案張煌言神道碑作三月

洋山考作羊山

已下者四府三州二十四縣。會前鋒敗。成功倉猝移帳。遂大潰。
乘流出海。煌言亦從閩道歸天台。
鄭成功還王于澎湖島
六月王遣使祭光祿寺卿陳士京
滇中遣使賚手敕仍命王監國加張煌言本部尚書。兼東閣大
學士
庚子年王在澎湖島
鄭成功攻臺灣克之紅夷乞降以大船還其國成功遂王其地
辛丑年王在澎湖島
四月鄭成功復奉王居金門
棠小腆紀千女年毋

三桂字長白高郵人遼東中後所籍

壬寅平王在金門

二月十三日滇中陷桂藩為北將吴三桂所殺

五月初八日延平王鄭成功卒海上諸臣議復奉王監國

十一月二十三日王薨

海東逸史卷三

翁洲老民手稿

家人傳

妃張氏三初世子時所納崇禎十五年北兵破兗州元魯王以派自縊死王被執詭稱魯王牧兒見北兵掠王邸資忽流淚怪之旁有人曰此魯藩之弟也北兵刃之三擊不中駭曰汝有大福我不汝害前有一少女子甚麗知是汝妻犯之不從死於牆下汝其埋之王因得脫紹興監國謚曰烈妃

元妃周氏濟寧人王以崇禎十七年二月襲封魯王妃入宮已年餘矣遂進元妃甫逾月而京師陷王避兵南下妃時臥病不

紀年云會稽人

小腆紀年云元妃張氏

起王強之妃泣曰王速行勿以妾故為王累王不忍妃乃手碎
磁盤勒喉而死紹興監國謚曰義妃

元妃張氏蕭山人乙酉七月王至紹興行監國事立為元妃父
國俊得封伯爵內結閣臣客鳳儀李國輔外倚悍將方國安王
之仁頗通賄擅事諸臣相繼進諫王不聽侍郎錢肅樂特疏糾
之留中國俊遂引攻臣謝三賓直東閣以擠肅樂肅樂遂去明
年六月江上師潰上自江門出海令保定伯毛有倫扈宮眷自
蛟關出期會于舟山適叛將張國柱來攻為水營將阮進所敗
國柱僅以身免遂擄妃去不知所終

元妃陳氏鄞縣人丙戌春入宮為宮人張妃既為亂兵所擄妃

在副舟中。急令舟人鼓棹特前。追兵不及。伏荒島數日。飄泊至

舟山。王已入閩。徬徨無所歸。尚書張肯堂遣人護之。得達長垣。

王見之流涕。進册為元妃。在海上三年生世子黄。𥬈卿伏誅。始

復入舟[illegible]後妃在會稽。其父國俊頗豫事。擅威福。妃嘆（歎）曰。

是何國家。是何勛（勳）[illegible]。而尚欲爾爾乎。至是族親有至者。悉遣之。

辛卯北兵三道入海。王以蛟關未能猝渡。親帥舟師搗吴淞以

卒（韋）其勢。蕩胡伯阮進居守。敗死。北兵直抵城下。安洋將軍劉世

勳議分兵先送宮眷出海。然後背城一戰。妃傳諭辭曰。將軍意

良厚。然蠣灘鯨背之間。慣為奸人所賣。則張妃之續（續）也。顧得死

此淨土。乃止。城陷。妃整冠服北向拜謝。投井死。貴嬪張氏及義

[回宮詞] 鄞人董守瑜有宮井篇詩

陽王妃杜氏從焉。錦衣指揮王朝相、內官監太監劉𨛗共舁巨石填井平之。即自刎其旁而死。至乙未年、英義伯阮駿再下舟山得妃死狀、表言於王、加謚貞妃、

海東逸史卷四

翁洲老民手稿

列傳

張國維字玉笥。號止菴。東陽人。天啟二年進士。授番禺知縣。歷官至都察院右僉都御史。應天巡撫。崇禎十七年三月。以兵部尚書。兼右僉都御史。赴江南浙江、督練兵輸餉諸務。出都十日。而都城陷。五月、福王立於南京。召為戎政尚書。尋叙山東討賊功。加太子太保。蔭一子、錦衣僉事。吏部尚書徐石麒去位。衆議歸國維。馬士英不用、而用張捷。國維乃乞省親歸。乙酉五月、南都覆。六月、潞王監國於杭州。不數日出降。國維乃以閏六月、朝

小腆紀年云以原官協理京營戎政

石麒字寶摩嘉興人天啟壬戌進士

馬士英不用

魯王於台州。請王監國。即日移駐紹興。進國維少傅、兼太子太傅、兵部尚書、武英殿大學士、賜尚方劍。督師江上。會嚴州總兵官方國安亦自金華至、馬士英素善國安、匿其軍中、請入朝。國維劾其十大罪。乃不敢入。連復富陽、於潛諸縣、時兵馬雲集、人治一軍、不相統一、部曲驕然、國維上疏謂尅(刻)期會戰。則彼出此入。我有休番之逸。兵攻堅擣虛。人無應接之暇。此爲勝負。必連諸冲之心爲一心。然後使人人之功罪。視爲一人之功罪。於是樹木城、緣江要害。聯絡國安、及王之仁、鄭遵謙、熊汝霖、孫嘉績、錢肅樂諸營。爲持久計。十月、北兵至。國安嚴陣以待。國維率王國斌、趙天祥以步兵接應。連戰十日。前鋒鍾鼎新用火攻。首擊

宗忠接繹史姓呂 結埼亭同集

殺緋衣大將一。諸將李宗忠（南疆繹史鮚埼亭集並作呂）等各斬數十級。俞國榮等直抵張灣、取其軍械而歸、北兵大敗。是冬閩中遣給事中劉中藻頒詔至。諸求富貴者、爭欲應之、王下令返台。士民惶惶。國維乃馳至紹。上書唐王曰。今日之事。凡為高皇帝子孫。皆當同心并力。共復國讐（雠）。成功之後。入關者王。監國退守藩服、禮制昭然。若以倫序。叔姪定分。在今日原未假易。且浙東人心渙散。鳩集為勞。一旦南拜正朔。則江上諸將皆須聽命。猝然有變。監國之號令不行。脣亡齒寒。悔莫可追。臣老矣。豈敢朝秦暮楚。有所左右於其間哉。疏出。議始定。然閩浙自是成水火矣。明年五月。諸軍乏餉師潰、六月朔日、北兵至、王走台州、航海。國維亦還守東陽及義

章正宸字羽侯會稽人從學同里劉宗
周有學行舉崇禎四年進士由庶吉士
改禮科給事中疏請帝法周孔仁義黜
管商富强則太平可坐致報聞禮部侍
郎王應熊者溫體仁私人也廷推閣臣
望輕不得與帝特命入閣輔政正宸上
言應熊見擯廷推何緣特簡今事因多
擬變以刻成綜核傷察宜存渾厚奈何
復使狠傲之人與贊平明之治哉因力
詆其狠猾封還請寢前命帝大怒下獄
拷訊御史米助國金光辰龔廷獻給事
中范淑泰吳甘來傅朝佑論救皆不聽
竟削籍歸九年冬有詔起廢召為户科
給事中正宸因言起廢旨屢下而與臣
同列名若詞臣劉必達楊世芳等已死
乞敕所司速舉帝納之蝗災壞公私

為破衆勸國維入山圖後舉國維曰誤天下事者文山疊山也
一死而已二十八日北兵至七里寺國維遂具衣冠南向再拜
曰臣力竭矣賦詩三章赴園池死年五十二子世鳳官平敵將
軍後以吳易事連亦死難
易字日生吳江人崇禎癸未進士乙酉六月起兵長白蕩
朱大典字延之號未孩金華人家世貧賤大典始讀書為人豪
邁舉萬歷四十四年進士歷官至兵部左侍郎總督江北諸軍
以許都事被逮治京師陷福王立有白其誣者乃以原官召
用踰月進尚書督上江諸務南都陷走杭州會潞王亦降乃還
鄉郡據城固守唐王聞就加東閣大學士督師浙東魯王起事
大典亦遣其孫珏上表勸進王既監國以軍來赴授官亦如之

盧含無异正宸書大於五德為禮禮教
不修火災乃見陛下臨御初未以沽名
市德疑大臣頃大臣救鄭三俊錢謙益
忽為是言是一無禮也史𡎺下吏疏辯
[illegible]自恩籍衆口又一無禮也朝廷
每一番令甲輒增一番私營如吏部郎
張𢢶苦以不謹被黜巧借城工復職非
陳啟新任怨鈔參則考功之法可以金
錢贖矣又一無禮也災異頻仍聖心憂
憫而戶部主事李鳳鳴謂善言不可退
災星亦一無禮也帝是其言時廠衛務
羅織人罪而巡捕武弁從而效之正宸
言京師死刑視四方獨多其處決視四
方又獨違請申飭廠衛巡捕官帝令司
元辰字起貞晚字稼庵年屢遷吏
考選曉諳諸與鄞縣相中外仰望半
不職蟻異

命仍鎮金華會我　朝遣招撫使至大典稟之紹興既破次及
金華大典率兵拒守月餘不下城既陷闔門縱火自焚死大典
本與馬士英阮大鋮善南都亡大鋮出走由太平趨浙東投大
典夯金華[illegible]擧義留與共治軍士民不可撽逐之大典乃
送大鋮於方國安軍士英國安同鄉也先在其軍中遂是兩人
掀髯抵掌日夕談兵國安甚喜及北兵至士英大鋮國安皆降
而大典獨殉節部將吳邦璿從死子萬化巷戰被執亦不屈死
孫珏少年能文有經濟才亦死於浦城
莊元辰字起貞號頑庵鄞縣人崇禎十年進士授南京太常博
士甲申之變一日七至中樞史可法之門促以勤王福王立議

寸法字憲之歸
老鄞大興籍
諸稱令

章正宸字羽侯會稽人從學同里劉宗周有學行舉崇禎四年進士由庶吉士改禮科給事中疏請帝法周孔仁義黜管商富强則太平可坐致擢閣禮部侍郎王應熊者溫體仁私人也廷推閣臣望輕不得與帝特命入閣輔政正宸上言應熊見擯廷推何緣特簡今事因多擾變以刻成綜核傷察宜存渾厚奈何復使很傲之人與贊平明之治哉因力詆其狼籍封駁請寢前命帝大怒下獄拷訊御史耒助國金光辰龔廷獻給事中范淑泰吳麟徵傅朝佑論救皆不聽竟削籍歸九年冬有詔起廢召為戶科給事中正宸因言起廢旨屢下而與臣同列名若詞臣劉必達楊世芳等已死之敕所司速舉帝納之樂嚴災壞公私

烏破衆勸國維入山圖後舉國維曰誤天下事者文山疊山也一死而已二十八日北兵至七里寺國維遂具衣冠南向再拜曰臣力竭矣賦詩三章赴園池死年五十二子世鳳官平敵將軍後以吳易事連亦死難

易字日生吳江人崇禎癸未進士乙酉六月起兵長白

朱大典字延之號未孩金華人家世貧賤大典始讀書為人豪邁舉萬曆四十四年進士歷官至兵部左侍郎總督江北諸軍以許都事逮治京師陷福王立有白其誣者乃以原官召用踰月進尚書督上江諸務南都陷走杭州會潞王亦降乃還鄉郡據城固守唐王聞就加東閣大學士督師浙東魯王起事大典亦遣其孫玨上表勸進王既監國以軍來赴授官亦如之

盧舍無算正宸言大於五德為禮禮教
不修火災乃見陛下臨御初未以沽名
市德疑大臣頃大臣叙鄭三俊錢謙益
忽為是言是一無禮也史堃下吏疏辯
猶待白思猶衆口又一無禮也朝廷
每一番令甲輒增一番私營如吏部郎
張攑若以不謹被黜巧借城工復職非
陳啟新任怨鈔參則考功之法可以金
錢贖矣又一無禮也災異頻仍聖心憂
憫而戶部主事李鳳鳴謂善言不可退
災星亦一無禮也帝是其言時廠衛務
羅織人罪而巡捕武弁從而效之正宸
言京師死刑視四方獨多其處決視四
方又獨速請申飭廠衛巡捕官帝令司
巡捕者回奏氣勢稍戢十四年屢遷吏
科都給事中周延儒再相中外仰望丰

命仍鎮金華、會我　朝遣招撫使至大典、烹之紹興既破次及
金華大典率兵拒守月餘不下城既陷闔門縱火自焚死大典
本與馮士英阮大鋮善南都亡、大鋮出走、由太平趨浙東投大
典留金華六擧方舉義留與共治軍士民不可撽逐之大典乃
送大鋮於方國安軍士英國安同鄉也先在其軍中於是兩人
掀髯抵掌日夕談兵國安甚喜及北兵至士英大鋮國安皆降
而大典獨殉節部將吳邦璿從死子萬化巷戰被執亦不屈死
孫珏少年能文有經濟才亦死於浦城
莊元辰字起貞號頑庵鄞縣人崇禎十年進士授南京太常博
士甲申之變一日七至中樞史可法之門促以勤王福王立議

可法字憲之號道鄰
世都大興籍
祥符人

采而門多雜賓正宸其門生也獨不肯附會十五年正旦朝會帝進延儒等揖之待以師傅禮正宸因言陛下隆禮閣臣閣臣宜積誠以格君心不與中官作緣不憑恩怨起見不以寵利居成功不以爵祿私親暱語皆諷延儒及宣大缺總督延儒欲用宣府巡撫江禹緒正宸持不可吏部希延儒指用之正宸復劾其行賄事帝不納延儒欲起江陵知縣史調元正宸止之延儒再召頗得馮銓力欲以守涿功復其冠帶正宸與金光辰力爭之遂寢尋設兵部尚書陳新甲奸邪薦李繼貞李邦華史可法孫傳庭可代及松山師覆請先正中樞破壞之律然後正行間失陷之條新甲遂獲罪既而會推閣臣失帝意謫戍均州語詳

選科臣劉宗周章正宸等並首舉元辰馬士英惡之以中旨授刑部主事已見士英日橫遂告歸乙酉六月錢肅樂等舉兵元辰破家輸餉肅樂等西行推元辰任城守事魯王監國擢吏科都給事中尋遷太常少卿進正卿仍兼吏科如故元辰疏言陛下大讐未雪舉兵以來將士宣勞於外炎威寒凍櫛風沐雨編氓殫藏于內敲骨吸髓重以昔年秋潦今茲亢旱卧薪嘗膽之不遑而晏然以為頗安逸樂釜魚幕燕撫事增憂則晏安何可懷也敵在門庭朝不及夕有深宮養優之心安得有前席借著之事則蒙蔽何可滋也天下安危託命將相今左右之人頗能內承色笑則事權何可移也五等崇封有如探囊有為昔時佐

李日宣傳福王立召復故官疏請亟檄四鎮分渡河淮與江北山東協力互為聲援且請縞素率師駐蹕淮上時不能用內傳用張有譽為戶部尚書正宸以有譽雖有清望而中旨不宜出執疏力爭有譽卒以廷推用魏國公徐宏基等公疏薦張捷命下部議并議前戶部主事鄒之麟前御史張孫振劉光斗起用正宸分別論諸人稍寬捷而力詆之麟孫振光斗馬士英不悅擬諭詰責回奏上獲免尋以安遠侯柳祚昌薦起用阮大鋮正宸又力爭且曰朝廷如此舉動邸報流傳見臣姓名尚挂仕版必相顧駭愕謂貞掖垣職掌萬死何辭乞先放臣歸里士英輩忌正宸居言路遂用為大理寺丞已見國事日非請假歸會王監

命元臣所不能得者則恩賞何可濫也陛下試念兩都之毀禾黍麥秀之悲則居處必不安試念孝陵長陵銅駝荊棘之慘則對越必不安試念青宮二王之辱則撫王子何以為情試念江干將士列邦生民之慘則衣食可以俱廢疏入優詔報聞又言中旨用人之非乃福王之秕政臣叨居科長斷不能隨聲奉詔上不能用而馬士英又至元辰言士英不斬國事必不可為遂三疏請歸歸逾月而紹興破狂走諸山中朝夕野哭疽發于背而卒原注元辰舉鄉試出汪偉門會試出馬世奇門論者以為鍼芥之合云

王思任字季重號遂東山陰人萬麻二十三年進士歷知興平當塗青浦三縣袁州推官所至皆被鐫級稍遷刑工二部主事

國起吏部左侍郎不受仍署舊官事敗出為九江僉事罷歸乙酉五月南都陷福王走蕪湖馬士英擁

棄家為僧不知所之（謹按王鴻緒撰明史藁稱）

此傳係太姒與朱之璵得姓附者來董守
諭王正中二傳後

兵奉太妃入浙思任猶未知福王被擒也乃上疏太妃請斬士
英云云王既監國起拜禮部尚書年七十餘矣明年六月紹興
破踉蹌避兵入雲門山痛哭而卒

紹年云城破不食死繹史云思任已病甚逃至秦望山而余以死

[illegible]

投〇〇〇思任讓馬士英柬云閣下文采風流才情義俠職素欽慕當國破衆疑之際爰
立今上以定時局以為古之郭汾陽今之于少保也然而一立之後閣下氣驕腹滿政本自由兵權獨握
從不講戰守之事而只知貪黷之謀酒色逢君門牆固黨以致人心解體士氣不揚叛兵至則
束手無策強敵來而先期以走致令乘輿播遷社稷邱墟閣下謀國至此即喙長三尺亦何以自解也
以職上計莫若明水一盂自刎以謝天下則忠憤節義之士尚然相諒無他若但求全首領亦當立解樞
權授之才能清正大臣以召英雄豪傑呼號惕厲猶當幸望中興如或逍遙湖上潦倒煙霞仍
效賈似道之故轍千古笑齒已經冷絕再不然如伯嚭渡江吾越乃報讎雪恥之國非藏垢
納汙之地也職當先赴胥濤乞素車白馬以拒閣下上干洪怒死不贖辜閣下以國法處之
則當束身以俟緹騎投法處之以當引頸以待鉏麑

光緒癸未臘八夕鮚山楊泰亨附錄

海東逸史卷五

翁洲老民手稿

列傳

余煌字武貞號公遜會稽人天啟五年進士第一歷官至右庶子乙假歸遂丁外艱服除久不起魯王監國起禮部右侍郎再起戶部尚書皆不就明年以武將橫甚拜煌兵部尚書始受命時內閣田仰與義興伯鄭遵謙爭餉兩軍格鬪喋血禁廷煌至叱之始去乃申嚴軍紀將士稍戢諸臣競營高爵請乞無厭煌上言今國勢愈危朝政愈紛尺土未復戰守無資諸臣請祭則當思先帝烝嘗未備請葬則當思先帝山陵未營請封則當思

衆皆議援城抗者原本皆誤字據改之

詩云穆駿日馳老駒急逝止水洄羅以了生事皆愧文山不入崖市

肆史函輝肆史誤台州臨安人

先先先斗當也

柰此紀年皆撤文之

先帝宗廟未享。請蔭則當思先帝子孫未保。請謚則當思先帝光烈未昭。時以為名言。江干師潰。王航海遁。拒城抗守者。煌以徒害民生。不可。遂大張殊示。放兵民出走。畢賦絕命詩一章。自沈渡東橋下。舟人拯起之。乃嘆曰。忠臣不易做也。居二日。復投深處乃死。

陳函煇。字木叔。號寒山。臨海人。崇禎七年進士。授靖江知縣。為人不拘小節。好交游。日事詩酒。為御史左光先劾罷。京師陷。慟哭刑牲。誓眾倡義。會福王立。不許草澤勤王。乃止。尋起職方主事。監軍江北。南都陷。歸。與孫嘉績、熊汝霖、錢肅樂等、會師江干、時魯王在台州。函煇走謁王曰。國統再絕矣。王亦高皇帝子孫

書報警，繼統於是乎在，王盡圖之。王謝曰：國家禍乱相仍，區區
江南且不能保，尚何冀乎！函輝曰：不然，浙東沃野千里，南倚甌
閩，北據三江，環以大海，士民忠義，此句踐所以撫吳稱霸也。會
兵部尚書張國維起兵東陽，來迎王，函輝乃侍王至紹興，王既
監國，擢為禮部右侍郎，進禮、兵二部尚書。明年六月，紹興陷，從
王航海，已而相失，哭入雲峰山，作絕命詞數章，投水死，年五十
七。

紀年云作六旬後十年，備載其詞，宜采補

律史潛玄仁和人，宋明

陳潛夫，字玄倩，號退菴，錢塘人。崇禎丙子舉人，十六年授開封

小腆紀年云初名朱明

崇禎丙子鄉舉，本仁和人，原籍山陰

南疆繹史云仁和人

推官。抗疏言時事，請召對，不報。聞京師陷，縞素誓師，邀擊賊於
柳園，大破之。福王立，擢監軍御史，巡按河南，所規畫皆盡善，而

謹案何虎作請

監國紀丙戌六月江上兵潰

繹史亦作六月

紹興府志云甲申林有本劾御史彭遜謁妖婦潛夫馬士英獨命議潛夫黨逮下獄治之

馬士英不用。先是有童氏者。自言福王繼妃。廣昌伯劉良佐具

良佐字明輔大同左衛人

禮送之。潛夫至壽州、見車馬馳從。傳呼王后來。亦稱臣朝謁。及

童氏入都。王以為假冒。下之獄。遂責潛夫私謁妖婦。逮下獄治

之。未幾南都不守。得脫歸。聞魯王監國。紹興渡江往謁。命復故

官。加太僕寺少卿。監江上軍。乃自募得三百人。與孫熊諸家列

營江上。尋進大理寺少卿。兼御史如故。潛夫以家財餉軍。久之

財竭。支四百金餉臣。不得。右副都錢肅樂言潛夫破家為國。

今聽其軍之餓死而不恤。何以鼓各營。因為潛夫請。王是其

言。而方王終不發也。明年五月。江上師潰。王航海去。潛夫作絕

丙戌繹史作明年

南疆繹史同監國紀作六月

筆詩。走至山陰。抵小赭村。謂其妻孟氏曰。勉之。吾為忠臣。爾為

紹興府志云孟恒初二女並妻潛夫同日合窆非妾也

紹興府志云潛夫先推二妻入水為具棺殮然後賦詩躍水死並啟拉二子同死以繼母不許免

烈婦孟氏曰。此吾心也。與其女弟。梳髮更服、以待。女弟者。潛夫妾也。潛夫乃整衣冠。拜祖父像。已復拜其母。別其弟。攜妻妾至化龍橋。投水死。年三十七。

朱繼祚字瑲圃。莆田人。萬曆四十七年進士。由庶吉士。

紹興府志 陳潛夫以給事中林有本劾御史彭遇颽並及潛夫馬士英独含護潛夫罪遣下獄治之 越殉義錄 潛夫會稽人籍錢塘 崇禎丙子同年保仁和人原籍山陰 紹興府志云孟恒初二女並妻潛夫同日合窆非妾也 潛夫先推二妻入水為具棺殮然後賦詩躍水死並啟拉二子同死以繼母不許免

據山勝紀年 朱繼祚在崇禎初官禮部右侍郎 戊子攻興化 彭遇飌（崇禎癸未進士）舊司守城

一本有吞絲不死事畢之

獄中。賦絕命詞數章、自縊死、將死自書祠堂對聯云、臣罪當誅。

馬士英不用。先是有童氏者，自言福王繼妃，廣昌伯劉良佐具禮送之。潛夫至壽州，見車馬馳從，傳呼王后來，亦稱臣朝謁。及童氏入都，王以為假冒，下之獄，遂責潛夫私謁妖婦，逮下獄治之。未幾南都不守，得脫歸。聞魯王監國紹興，渡江往謁，命復故官，加太僕寺少卿，監江上軍。乃自募得三百人，與孫熊諸家列營江上。尋進大理寺少卿兼御史如故。潛夫以家財餉軍，久之財竭，支四百金於餉臣不得。右副都錢肅樂言潛夫破家為國，今聽其軍之餓死而不恤，何以鼓各營。因為潛夫請，王是其言而方王終不發也。明年五月，江上師潰，王航海去，潛夫作絕筆詩，走至山陰，抵小赭村，謂其妻孟氏曰：勉之，吾為忠臣，爾為

良佐字明輔，大同左衛人

證驛府彥叔事中林有杏劾御史彰通調並及潛夫，馬士英指令誣潛夫罪，遂下獄治之

丙戌[illegible]

六月 南疆繹史[illegible]作

謹字側彥作讀

留國紀丙戌六月江上兵潰

續史并作五月

補：紹興府誌孟氏名恒初二女其妻潛夫同日合死也非妾也

紹興府志孟潛夫先殉二妻入水為其妹孫武倩識詩躍水死其妹欲拉二子同死以繼母不許免

烈婦孟氏曰：此吾心也。與其女弟櫛髮更服以待。女弟者，潛夫妾也。潛夫乃整衣冠，拜祖父像，已復拜其母，別其弟，攜妻妾至化龍橋，投水死，年三十七。

朱繼祚，字胤岡，莆田人。萬曆四十七年進士，由庶吉士歷官至南京禮部尚書，以人言罷去。福王時，起故官，未赴而南都陷。唐王召為東閣大學士，從至汀州，王被擒，繼祚奔還。其鄉舉兵應魯王。戊子，正月，與同安伯楊耿攻取興化城。時北之分守道彭遇飇，故弘光時御史也，令其守將出戰而己登陴，樹大明旗幟於城，守將不敢入，遂克之。三月，北兵至，城復破，繼祚被執，羈之獄中，賦絕命詞數章，自縊死。將死，自書祠堂對聯云：臣罪當誅生員補。死矣遲。故國舊君安在。帝臨有赫。身可灰。家可燼。周禎殷義若何。

劉中藻字薦叔。福安人。崇禎十三年進士。官行人。賊陷京師。難髮被擄掠。賊敗。南還。唐王時。官兵科給事中。奉命頒詔浙東。為張國維熊汝霖所拒。廢然而返。至金華。朱大典薦之。召對稱旨。擢右僉都御史。巡撫金衢。取苧猺菁猺諸種人。練之為卒。時稱能軍。閩中陷。魯王召拜兵部尚書。尋兼武英殿大學士。中藻善撫循。激勸富人使出財佐軍。士卒並樂為用。其兵最盛。鄭彩專主閩事。心弗善也。中藻亦不相下。由此有隙。王使大學士沈宸荃解之。彩不聽。丁亥十月。中藻率兵攻取福寧州守之。與周鶴

繹史武英殿作東閣

𨓜相犄角久之移駐福安鄭彩遂掠其地北兵乘之來攻中藻善守所殺傷數千人己丑三月北兵乃循城十里掘濠樹柵以圍之中藻不能出戰食盡冠帶坐堂上為文自祭吞金屑而死部將董世南等同死者數百人

案小腆紀年福安自前年十月被圍至是年四月城陷凡七閱月

國

紀年作世上

中藻子思沛諸生聞父死曰父死吾子可不繼先志乎亦死福安如未破思沛羈浦城獄中聞父死並亦死之

迅颿 學使發棠貢進士

海東逸史卷六

翁洲老民手稿

列傳

錢肅樂字希聲一字虞孫（一字希堂）號止亭鄞縣人臨江知府若賡（字佑咸一字騰霄隆慶五年進士）孫寧（甯）國知府敬忠（字孝直一字玉麓萬曆四十七年進士）之子也崇禎十年進士授太倉知州遷刑部員外郎連丁內艱乙酉五月南京失守六月杭州繼陷閏六月寧（甯）波鄉官議納款肅樂建議起兵諸生董志寧（甯）華夏等遮拜肅樂大呼倡首士民集者數萬人肅樂乃建牙行事郡中監司守令皆逃惟一同知治府事已齎（齎圖）圖籍迎降聞兵起叩首請罪肅樂索取倉庫籍繕完守具會定海總兵王之仁既納款而悔入城與

時閏月十二日也

同知曾同知州知府通判孔聞詩同知府事

蕭山縣知縣同知姓來名葵

肅樂締盟共守。聞魯王在台州。遣舉人張煌言奉表請監國。時紹興、餘姚、慈谿並舉兵。王乃赴紹興。行監國事。召肅樂爲右僉都御史。畫錢塘江而守。尋進右副都御史。上疏言、目前時勢。國有十亡而無一存。民有十死而無一生。若不圖變計。不知所稅駕矣。當是時。之仁已封武寧侯。方國安亦進鎮東侯。其兵謂之正兵。食寧波紹興台州三郡田賦。爲正餉。孫嘉績熊汝霖沈宸荃及肅樂等兵。謂之義兵。所食者皆取給於富室樂輸。爲義餉。正兵司餉者。直至殿陛爭譁。奪取義餉。而義兵遂無所取給。恆缺食。已加兵部右侍郎。累疏辭、不許。明年四月、軍食盡。乃上疏言、臣兵既無餉。不得不散。但臣以舉義而來。大仇未雪。終不敢

同月命下

猶守隱海久之辛卯卒於次年二月

移寄海上

紀年云避地福清 5字第

書山脱紀年無作ト部

召還下似有脫字

繹史以原官給事中起用兵科

歸安廬墓遂棄軍之温州王得疏知不可留乃降旨令往海上同藩臣黄斌卿鎮臣張名振共取道崇明以復三吳時方有由舟山竊吳之計也逾月紹興失守王航海肅樂亦之舟山唐王召之甫入境而延平陷遂隱海壇山採山薯為食丁亥鄭彩治兵海上王入長垣召為兵部尚書疏薦故太僕卿劉沂春廣東糧道吳鍾巒及閩中諸遺臣並起用戊子王次閩安鎮拜為東閣大學士與馬思理林正亨同入直每日繫舟於王舟之次票擬章奏既畢則牽舟別去匡坐讀書而已時唐王雖殁而其將涂登華尚守福寧王遣大學士劉中藻攻之登華欲降而未決謂人曰豈有海上天子舟中國公肅樂致書謂將軍不聞南宋

之末二帝不在海上文陸不在舟中乎後世卒以正統歸之而况不為宋末者乎今將軍死守孤城以言乎忠義則非其主也以言乎保身則非其策也依沸鼎以稱安巢危林而自得計之左矣登華得書遂降而是時鄭彩專柄連殺熊汝霖鄭遵謙又登華之降由於劉中藻故幕府立焉而彩反掠其地肅樂與中藻書每不直彩彩聞之恨甚肅樂故有血疾遂憂憤疾作卒于（於）海外之琅琦山年四十二（南疆繹史作卒于琅江年四十三）遺言以故員外郎章服入殮贈太保謚忠介後六年故相葉向高曾孫（南疆繹史作向高孫）尚寶卿進歲葬之福清黃蘗山婦翁董光遠破家為肅樂輸餉奏授職方主事參幕府事肅樂既入海乃自縊而死

（按肅樂生萬曆丁未正月望日至戊子正四十二年繹史誤也）

錢肅圖字退山號東村肅樂第四弟為諸生隨肅樂倡義授監
紀推官紹興破從王泛海入閩擢御史召募義勇聯絡山海諸
寨肅樂死與弟簡討肅範同入福安圍城中福安破肅範死肅
圖從王至舟山又二年舟山破乃歸久之卒於家

錢肅範字錫九一字巽仲肅樂第五弟肅樂起兵其諸弟之從
軍者並授監紀江干失守從肅樂浮海而南一時詔從亡詔敕
皆出其手授翰林院簡討肅樂既死大學士劉中藻方守福安
擢兵科給事中己丑四月福安陷望百辟山嘆曰此宋
海處也賦絕命詞投繯兵至被執不屈死年二十九僕
張貴從之

鄞縣志作字肇一號退山

繹史作福甯具未經繹核此條似不妥添注

繹史卒時祖江年四十三
葬向高孫進巖墓之

錢肅圖字退山號東村
案鄞縣志作字肇一號退山

之末二帝不在海上文陸不在舟中乎後世卒以正統歸之而況不為宋末者乎今将軍死守孤城以言乎忠義則非其主也以言乎保身則非其策也依沸鼎以稱安巢危林而自得詐之左矣登華得書遂降而是時鄭彩專柄連殺熊汝霖鄭遵謙又登華之降由於劉中藻故幕府立焉而彩反掠其地肅樂與中藻書每不直彩彩聞之恨甚肅樂故有血疾遂憂憤疾作卒于海外之琅琦山年四十二遺言以故員外郎章服入殮贈太保謚忠介後六年故相葉向高曾孫尚寶卿進晟葬之福清黃蘖山妇翁董光遠破家為肅樂輸餉奏授職方主事參幕府事肅樂既入海乃自縊而死

錢肅圖、字退山、號東村、肅樂第四弟、為諸生、隨肅樂倡義、授監紀推官、紹興破、從王泛海入閩、擢御史、召募義勇、聯絡山海諸寨、肅樂死、與弟肅範同入福安圍城中、福安破、肅範死、肅圖從王至舟山、又二年、舟山破、乃歸、久之卒於家、

錢肅範、字錫九、一字冀仲、肅樂第五弟、肅樂起兵、其諸弟之從軍者、並授監紀、江干失守、從肅樂浮海而南、一時諸從亡、諸敕皆出其手、授翰林院簡討、肅樂既死、大學士劉中藻方守福安、招之往、擢兵科給事中、乙丑四月、福安陷、望百辟山歎曰、此宋少帝入海處也、賦絕命詞、投繯、兵至、被執不屈死、年二十九、僕張貴從之、

○錢肅遴字蕭三，肅樂第七弟，以諸生從軍，初授監紀，未受，入閩，以荐授兵部職方主事，己丑，從亡翁洲，辛卯翁洲破，來歸，甲午張煌言以定西之軍入長江，肅遴與弟推官肅典閒道赴之，乙未，翁洲復歸海上，肅遴復與推官赴之，丙申，翁洲復破，推官死焉，肅遴亡命至崑山，思得閒為入海計，己亥，煌言復入長江，肅遴又從之，已而兵敗，相失，流轉太倉加定間，怏怏不自得，一夕嘔血數斗，大呼不絕以死，年三十，妻鮑氏祝髮為尼。

○錢肅典字叶虞，肅樂第九弟，庚寅與兄肅遴從亡，共保翁洲，授監紀推官，丙申大兵復下翁洲，肅典與肅遴渡海，告警，追騎至，肅遴得脫，而肅典被執，不屈死，年二十六。

兵部職下脫方主二字

小腆紀年南雷肅編亦以國事死

熊汝霖字雨殷餘姚人崇禎四年進士授同安知縣擢戶科給事中以言事謫福建按察使照磨福王立召還吏科右給事中（以原官給事中起用　此六字原脱據南疆繹史補）南都陷馬士英竄走杭州汝霖責其棄主士英無以應之逾月杭州亦破乃與同里孫嘉績共起兵魯王監國擢右僉都御史督師防江時江上之兵每日暮食鳴鼓放船登陸搏戰未幾又復轉柁還守率以為常惟汝霖率五百人渡海寧（寗）轉戰數日夜至橋司士卒殘破略盡乃還因入海寧（寗）募兵得萬餘人別行伍分汛地以本邑進士俞元良司餉指揮婁國成主兵由是浙西吳中並皆響應進兵部右侍郎兼左副都御史總督義師唐藩立閩中遣劉中藻頒詔至越汝霖曰吾知奉主上而已不知其

繹史卷の十の　辛亥六月二十四日據勘本

兵部上似有進字

他因出徼拒之丙戌五月進兵部尚書兼東閣大學士六月江
干失守從王泛海時鄭彩自以扈駕功勢張甚汝霖鼎擬每右
諸將而抑彩彩積恨久之已而彩與義興伯鄭遵謙交惡王次
閩安從亡諸臣之室俱保琅琦李茂者彩之裨將也汝霖奴子
與之爭口戊子元夕汝霖自王所歸沐熊鄭兩家𨵦珥相問遺
茂以熊鄭合謀奔告彩乃夜使賊黨百人破門而入縛汝霖投
之江子琦甫六歲郎彩婿彩陽撫而陰賊之亦投之海中
孫嘉績字碩膚餘姚人宋燭湖先生之後忠烈公燧五世孫大
學士文恭公如游孫崇禎十年進士授南京工部主事召改兵
部擢職方員外郎進郎中為中官高起潛所譖下獄父之釋歸

繹史琯璘作琯峰
或作璘字洪璘与峰通

福王時。起九江兵、備僉事。未赴。南都既陷。杭州隨之。乃與同里熊汝霖共舉兵。迎魯王監國。擢右僉都御史。督師防江。進兵部右侍郎。兼都御史。諸人雖迫於忠憤。創義起事。然皆書生。不知兵。迎方王二帥、拱手而授之國。成凡原設營兵衛軍。俱隸方王。而召募之街卒里兒。則身領之。方王既自專。反惡諸人之參決。於是有分地分餉之議。方王猶為不足。攘奪義餉。於是義兵無所取給。恆散去無存。奇零殘卒。不能成軍。嘉績乃盡以歸之職方御史黃宗羲。而謝兵事。丙戌五月。以兵部尚書。與汝霖同拜東閣大學士。六月。江上師潰。從王航海。卒於舟山。年四十三。贈太保。謚忠襄。子延齡、官中書舍人。從亡海外。歷仕至戶部尚書。

沈宸荃字友蓀號彤庵慈谿人崇禎十三年進士授行人奉使旋里福王立復命南都擢山西道御史時馬阮亂政宸荃頻疏論之最後直糾士英擅權納賄蠹國殃民十二大罪士英怒必欲殺之臺省力救得免遂出為蘇松兵備僉事未赴而南都破北兵至浙宸荃起義里中與熊汝霖孫嘉績錢肅樂等會師迎魯王監國擢右僉都御史江干失守棄家從王海外王次長垣連擢至兵部(監國紀作工部)尚書東閣大學士復從王至舟山加太子太保舟山破又從泛海抵廈門至金門後艤舟南日山遭風沒於海宸荃從亡時其父居家當事齮齕之父亦强直不能加害宸荃每思其父輒吟詩詩罷慟哭聞者莫不哀之

（小腆紀年云以年例出為蘇松兵備僉事）

訛

當國紀兵部作工部（紀年作工部）

海東逸史卷七

列傳

翁洲老民手稿

王之仁字（原闕）直隸保定人官吳淞總兵遷浙江定（海）總兵在定海已納款得貝勒令仍舊（舊）任鄞之故太僕謝三賓者家富耦國方西行見貝勒歸害錢肅樂等所為乃貽書之仁謂滄滄泚泚（泚）出自庸妄六狂生而一搢（搢）紳和之將軍以所部來斬此七人事即定矣某當以千金為壽搢紳指肅樂蓋肅樂時年未四十也會肅樂亦遣客倪懋熹以書告之仁勸其來歸之仁兩荅書約以十五日至鄞而密（密）語懋熹令具燕犒三賓不知也方以為殺

之仁初事武寗伯吾進孫

肅樂在旦夕屆期之仁至諸鄉老大會於演武場坐定之仁出三寶書對衆朗誦三寶遽起欲奪其書之仁變色因問肅樂曰是當殺以祭纛否語未畢長刀夾三寶下三寶哀號跪階下請輸萬金以充餉乃釋之之仁遂以兵迎魯王於台州王既監國封之仁武寗侯進寗國公時諸帥爭地爭餉攘臂譁爭敵兵臨江置之不問之仁雖悍戾尚忠奮上疏言起事之日人人有直擣黃龍之志乃一敗之後遂以錢塘為鴻溝天下事尚何忍言臣今日計惟有前死一尺顧以所部之兵沈船一戰今日欲死猶戰而死他日即死恐不能戰也丙戌三月朔北兵驅船開堰入江閩部張國維嚴飭各營守汛令之仁統水師從江心襲戰

葉如莊汝 據繹史如作 宸以[illegible]

而自督諸軍、復杭州、會東南風大起。之仁揚帆奮擊之。北兵敗去。六月朔、江上兵潰諸將皆遁。惟之仁一軍尚在。將由江入海。國維與之仁議抽兵五千。分守各營。之仁泣曰。壞天下事者方國安也。敵兵數萬屯北岸。倏然而渡。孤軍何以迎敵。惟一死而已。乃載其妻妾。并兩子婦幼女諸孫。盡沈於蛟門下。捧所敕印。北面再拜。投之水。乃立旗幟。鼓吹張蓋。泛海至淞江。北兵意其降也。護送至金陵。峩冠大袖。肩輿而入。百姓駭愕。聚觀。之仁從容入。見內院洪承疇。自稱前朝大帥。國亡當死。恐葬於鯨鯢。身死不明。後世青史。無所徵信。故來投見。欲死於明處耳。承疇優接以禮。勸之薙髮。不從。乃戮於市。子正中別有傳。

書小腆紀年[illegible]中舊之仁[illegible]

紀年云與弟鵬飛同被執不屈同刎死又李毓秀嚴州守將戰敗拔韓刀自刎死母孫張氏三忠云

北[?]以慕義存吳

桂紀年蔡來以游擊守江浦

張鵬翼字耀先浙江諸暨人官浙江總兵中軍都督府左都督乙酉四月北兵南下鵬翼與右都督徐洪瑒合兵入援未至而南都陷遂從海道至紹興魯王封為永豐伯丙戌三月移鎮衢州北兵至副將秦應科等内應城遂破鵬翼巷戰力竭被執諭之降大罵乃殺之弟繼榮（南疆逸史作李雄）勇冠三軍與北兵戰力竭而死有老僧舁其屍歸將近衢里許道旁有旅肆忽見繼榮披甲躍馬從數人至命具酒飲肆主飛報入城軍中皆驚訝急出迎之則繼榮屍適至始知向入旅店者乃其魂也洪瑒亦不屈死

蔣若來字龍江南直長洲人世居婁門形材短小獨骨臂善騎射以事亡命居劉河巡撫張國維異其才拔自行伍以把總守

江浦流賊薄城蟻附而上若來提刀截殺應手而斃方坐城樓下備見賊金冠紫袍者擁大石直前擊中若來面仆地賊乘勢合圍而前若來奮躍登城射殪其酋復發大砲擊殺三千人以功擢游擊守江浦六安宿松之役以無援敗累遷至浙江總兵（紀年稱都督）唐王立令與宋大典同守金華魯王授官亦如之及城破令長子出而集妻妾子女於廳縱火焚之提刀巷戰殺四十餘人乃盡自刎死

鄭遵謙字履公（紹興府志作履恭）會稽人僉事之尹子為諸生跅弛任俠不為繩墨之士所理南都陷閹人屈尚志逃至越遵謙執而殺之曰吾聞諸劉先生凡係逃官皆可誅劉先生謂宗周也北兵至潞王

紀年云與六合守備[illegible]扞敵[illegible]

小腆紀年稱都督

紹志作履恭與小腆紀年同

小腆紀年福府內臣李[illegible]屈尚志但作一人

宗周字啓東號念臺山陰人學者稱蕺山先生萬曆辛丑進士

殺山陰知縣彭萬里、潘真、知府張愫

初號義興將軍

[illegible]字搬沒倉當

以杭州降遵謙創衆起義殺北人所署紹興守會稽令與錢肅
樂棻奉箋魯王拜中軍都督府左都督封義興伯丙戌三月北
兵決壩放船入錢塘江遵謙帥師敗之獲獲其鐵鐵甲八百餘副紹
興破崎嶇嶇浙閩間從王航海至廈門進封義興侯大學士熊汝
霖為鄭彩所害遵謙不平彩乃詐朴部將吳輝輝扶傷就遵謙
求書授鄭鴻逵遵謙過過船送之遂被擒輝既擒遵謙而難於
面之伏艙底不出遵謙呼之曰汝鄭彩厮養殺我豈出汝意而
相避乎輝乃出遵謙已隻雞孟黍奠汝霖既畢遂躍入海中
死有妾金四姐者故妓也嘗笞殺其婢王氏因下獄謙以千金
出之謙死四姐束藁象彩每饋奠斬象人以侑哭彩聞之使人

小腆紀年遵儉官通政使
紀年徹作澈甲戌進士
長兵松江駐崇明沙
張鵬翼考作諸暨人

沈之海中。弟遵儉，官通政司參議，舟山破，殉節死。
荊本徹，字太徹，丹陽人。崇禎辛未進士，官兵部司務，為溫體仁所惡，免官。十七年，起原官，出為下江監軍道。福王時，授職方郎中，仍監軍海上。南都亡，屯軍施翹何，號四會營，招集諸將士，會故總兵貢五常（原注崇明人）、張士儀（原注太倉人）、張鵬翼（原注諸暨人）（按原作崇明人，疑和上貢注互訛，今正）、巡撫田仰、光祿卿沈廷揚各以衆至，義陽王避亂亦自太倉授焉。魯王進拜副使。丙戌，扈王出海，屯小沙嶼，其將士多善射。黃斌卿忌之，造為流言，率衆攻之，遂遇害。子元相亦見殺。

海東逸史卷八

翁洲老民手稿

列傳

沈廷揚，字季明，號五梅，崇明人。少為諸生，慕忠孝大節。崇禎中，由國子生為武英殿中書舍人。以海運功，擢戶部郎中，尋加光祿少卿，仍督運，駐劄登州。京師陷，福王立於南都，命廷揚以海舟防江，尋命兼理餉務，餽江北諸軍。南都失守，航海至舟山，依黃斌卿。唐王在福建，授兵部右侍郎，總督水師。魯王授戶部左侍郎。王航海之明年四月，吳淞提督吳勝兆反正，以蠟書來求援。斌卿不敢應。廷揚及都御史張煌言、給事中徐孚遠、御史馮京第勸定西侯張名振就其約名振遂率舟師同廷揚等北上統水船二百餘艘直抵崇明及吳淞會颶風大作舟覆名振等踉蹌遁歸廷揚獨與北兵大戰四晝夜抵福山次鹿苑夜分颶風又起舟膠於沙與麾下七百人俱被執蘇撫土國寶勸之降不從乃先驅七百人於婁門外李王廟駢戮之無一人肯屈者廷揚至南京內院洪承疇素與廷揚善欲脫之詭曰我聞沈廷揚已為僧若敢誑乎廷揚詈之遂下獄猶遣其門人周亮工說之廷揚曰毋多言吾今日非一死不足塞責乃與部下贊畫職方主事沈始元總兵官蔡德游擊蔡耀戴啟祚劉金城翁彪朱斌林樹守備畢從義陳邦定及嗣子元泰同就戮年五十三

二府志校之
豈國事甚詳

妾張氏夯視含斂，哀慟道路，歸亦自縊。後贈户部尚書。

黄銘丹，字丹候，崇明人，諸生。崇禎十二年，流寇毀鳳陽祖陵，銘丹憤激，與妻子訣，誓不破賊不還。因謁制府，獻平寇諸策，為史可法參謀。及京師陷，里人沈廷揚方以光祿卿駐淮上，銘丹授謁曰：丹在史公處，無所表見，願假一旅以自效。因令至崇明募水師。師方舉，而福藩以江北分屬四鎮，廷揚無分地，遂無功。南……入舟山。

馮京第不由進士出身，詩見鮚埼亭集冊
案上遺聞得此云崇禎十二年進士授行人
則日某沈寰荃而非出第也
鄞海遺聞[illegible]為庚辰人
進士據題名碑是科[illegible]第[illegible]陷乃從
[illegible]
馮
據京第不由進士出身詩見鮚埼亭集[illegible]遺聞
改禮
[illegible]

京第勸定西侯張名振就其約名振遂率舟師同廷揚等北上統水船二百餘號直抵崇明及吳淞會颶風大作舟覆名振等踉蹌避歸廷揚獨與北兵大戰四晝夜抵福山次鹿苑夜分颶風又起舟膠於沙與麾下七百人俱被執蘇撫土國寶勸之降不從乃先驅七百人於婁門外李王廟駢戮之無一人肯屈者廷揚至南京內院洪承疇素與廷揚善欲脫之詭曰我聞沈廷揚已為僧若敢誑予廷揚詈之遂下獄猶遣其門人周亮工說之廷揚曰毋多言吾今日非一死不足塞責乃與部下贊畫職方主事沈始元總兵官蔡德游擊蔡耀戴啟施榮劉金城翁彪朱斌林樹守備畢從義陳邦定及嗣子元泰同就戮年五十三

二府志校之
監國事甚詳

妻張氏奔視含斂、哀慟道路、歸亦自縊。後贈戶部尚書。

黃銘丹字丹候、崇明人、諸生。崇禎十二年、流寇毀鳳陽祖陵、銘丹憤激、與妻子訣、誓不破賊不還、因謁制府獻平寇諸策、為史可法參謀。及京師陷、里人沈廷揚方以光祿卿駐淮上、銘丹授謁曰、丹在史公處、無所表見、願假一旅以自效、因令至崇明募水師。師方舉、而福藩以江北分屬四鎮、廷揚無分地、遂無功。南都失守、吳中瓦解、銘丹方抵浙、詢帝王消息、知廷揚已入舟山、乃撫膺曰、事不可為矣、南向慟哭、赴海死、妻施氏亦殉焉。

馮京第字躋仲、號簟谿、慈谿人。崇禎十三年進士、授行人、改禮部主事、乞假歸。福王立、以原官召、未赴、南都亡、杭州繼陷、乃從

馮京第[illegible]進士出身詩見鮚埼亭集[illegible]

里人沈宸荃等起義紹興監國擢御史尋進僉都江干師潰從
王航海時議遣平海將軍周鶴芝乞師日本黃斌卿止之鶴芝
怒而入閩京第謂斌卿曰北都之變東南如故并使其東南而
失之者是誠吳三桂乞師之說今我無可失之地比之前者為
不倫矣斌卿乃使其弟孝卿同京第往至長岐島其王不聽登
陸京第日於舟中朝服拜哭不已會東京撒斯瑪王遣官行部
如中國巡方御史公第因致其血書王聞長岐王之拒中國也
曰中國喪亂我不遑恤而使其使臣哭於吾國吾國之恥也遂
議發各島罪人同孝卿往而令京第先還致洪武錢數十萬蓋
其國不能鼓鑄但用中國古錢舟山之用洪武錢始此丁亥四

按餘姚县志馮侍郎京第由朱之瑜偕行今海東逸史
（小腆紀年作避頂山）（事在庚寅九月）
南疆繹史又錄侍郎事亦不載之瑜而日本人聞其伏
未詢其所事祇知有之瑜而不知侍郎蓋侍郎
歸而之瑜留也聞姚江黃氏有舜水集當從日本
購來祈竭力借閱之并祈轉賜一讀也

寢疾。匿鶴頂山中。為其叛將所縛。致之寧波。諭降不從。乃殺之。

徐孚遠，字闇公。晚號復齋。南直華亭人。南京刑部侍郎陟曾孫。崇禎十五年舉人。明年下第歸。兩京相繼陷。慨然而起。指其髮誓曰：此即蘇武之節也。我寧全髮而死。必不去髮而生。遂與夏允彝、陳子龍等謀勤王。事不克。入泖湖。湖中遇兵。與家相失。妻

里人沈宸荃等起義紹興監國擢御史尋進僉都江干師潰從
王航海時議遣平海將軍周鶴芝乞師日本黄斌卿止之鶴芝
怒而入閩京第謂斌卿曰北都之變東南如故并使其東南而
失之者是誠吳三桂乞師之誤今我無可失之地比之前者爲
不倫矣斌卿乃使其弟孝卿同京第往至長岐島其王不聽登
陸京第日於舟中朝服拜哭不已會東京撒斯瑪王遣官行部
如中國巡方御史京第因致其血書王聞長岐王之拒中國也
曰中國喪亂我不遑恤而使其使臣哭於吾國吾國之恥也遂
議發各島罪人同孝卿往而令京第先還致洪武錢數十萬蓋
其國不能鼓鑄但用中國古錢舟山之用洪武錢始此丁亥四

按前錄所志京第乞師與朱之瑜（餘姚）偕京第先歸之瑜遂留而舜水遺集乃年譜書載之瑜名日本人國中傳本[illegible]乞師事則似知之瑜不知京第[illegible][illegible][illegible]此事詳補傳

月同定西侯張名振率舟師北上至崇明而海嘯舟覆得脫歸己丑秋擢兵部右侍郎是冬仍命京第及副都御史黃宗羲同澄波將軍阮美往日本乞師終以不得要領而還時餘姚人王翊結寨四明京第乃間行至與之合軍杜嶴聲勢頗振庚寅冬北兵將攻舟山悉四明中梗乃分兵兩道入大蘭山時京第已寢疾匿鶴頂山中為其叛將所縛致之寗（寗）波諭降不從乃殺之

徐孚遠字闇公晚號復齋南直華亭人南京刑部侍郎陟曾孫崇禎十五年舉人明年下第歸兩京相繼陷慨然而起指其髮誓曰此即蘇武之節也我寗（寗）全髮而死必不去髮而生遂與夏允彝（彝）陳子龍等謀勤王事不克入旋湖湖中遇兵與家相失妻

姚氏子廣遠並死焉遂間道往浙自浙入閩時唐王方即位于
福州府改福州為天興府遂除孚遠天興司李斷獄平正尚書
張肯堂出募師加孚遠兵科給事中同行既而閩浙相繼陷魯
王航海孚遠從之從定西侯張名振帥舟師北上颶風舟覆孚
遠以後殿得免王至舟山擢國子監祭酒舟山破從王之廈門以
依鄭成功成功以師禮事之戊戌正月滇中遣使賫璽書通問
成功拜孚遠左副都御史孚遠隨使入覲遂泛海由交趾入安
隆交趾要與行禮不從不聽過仍返廈門廈門破為北帥吳淞
奇所藏完髮以死在海外復娶戴氏生子永貞扶櫬至松江未
葬子亦死所著詩文散佚殆盡孚遠少時與同里夏允彝陳子

臺灣外紀云孚遠至安南當順治十八
年正月按孚遠見附廈事而行郎錫炳云
於此謂時不得還安南遂回廈門
戴陽侍郎六奇靈水人

子龍字臥子崇禎丁丑進士

據鄞志壽郎中作主事
都督作總兵

龍齋名、三人、嘗言志、孚遠慨然流涕曰百折不回、死而後已、允
彝曰吾儕安祿無用守其不奪、子龍曰吾無闇公之才而志則
過徐彝仲、顧成敗則不知也、後皆如其言、
陳士京字齊莫、號佛莊、鄞縣人、崇禎之季、天下多故、挾策浪游
久之無所遇、歸而國難作、悒悒不出、畫江之舉、熊汝霖荐授職
方郎中、會都督陳謙奉使閩中、命士京監其軍、以行、謙被殺、士
京遁之海上、鄭芝龍聞其名、令其子成功與遊、芝龍降北、成功
不從、士京實贊之、戊子、王在閩安、擢兵科給事中、遷光祿寺卿
奉表粵中、時惠潮路斷、乃迂道沿海、資斧俱竭、賣卜以前、粵中
加都察御史、固辭、欲留之、不可、己丑、王入舟山、士京在閩、與成

功相結以為後圖成功願以恢復自任賓禮遺臣故老于是海上衣冠雲集久之見海師無功粵事亦日壞乃棄室同安之鼓浪嶼題曰麗石山房賦詩自遣己亥成功統師入長江以古京參預歸上留守事觸疾而卒年六十五時王在南澳聞之震悼親為文以祭之

海東逸史卷九

翁洲老民手稿

列傳

王翊字完勳號篤庵慈谿人後居餘姚少孤為諸生有智略書王監國翊與慈谿諸生王江同起兵海濱與江上師為聲援授兵部職方主事浙東不守翊渡海至舟山說黄斌卿攻寧波許為內應為降紳謝三賓告變及斌卿以舟師至遂為北兵所敗翊乃入四明山結寨於大蘭居之戊子三月破上虞殺其署縣事者浙東震動御史馮京第自湖州軍破亦間行至四明與翊合軍杜暴守關禡牙軍容甚整北師勒兵東渡下教鄉聚團練

攻杜嶴，破之。京第匿民舍，翊以四百人走天台，謂諸將曰：「是皆團練之罪也。北兵雖健，我視其銳則避之，懈則擊之，非團練為之向導，彼敢行險地如枕席乎？然北兵、團練豈能相守？吾卒雖殘，其破團練尚有餘力。」乃自天台至四明，擊破鄉聚之團練者，沿道招集流亡，一月復至萬餘人，而京第亦出。己丑春，入破上虞，新令逃去，得其印。當是時，浙東山寨，蕭山則石仲房（南疆繹史作仲芳），會稽則王化龍、陳天樞，天台則俞國望、金湯，奉化則吳奎明、袁應彪，千里之間，屹然相望，然皆擄掠暴横，而平岡張煌言、上虞李長祥且耕且屯，獨不擾民，又單弱不能成軍。惟翊一旅蔓延於四明八百里之內，設為五營五司，翊主兵，江主餉，勸分富室，單門而

石仲房，繹史作仲芳。
吳奎明，據小腆紀年，在天台，石在奎作
袁彪作袁應彪
右：：：監紀作右侍郎，繹史亦作右侍郎
周司業卿來中衍

度附本作置

據望國紀本作七月翊亦未入皖

葉山臨紀年汶山寨事在庚寅九月

下安堵如故履畝而稅人亦無不樂輸者平時不義之徒立殺(置)
重典其所決罰人人稱快浙東列城為之晝閉胥吏不敢催租
縛民惴惴以保守一城為章皆存(薦)誠講解翊計天下不能無事
待之數年庶(庶)幾為平原之應也自上虞出東徇奉化北兵方攻
吳奎明奎明力竭而遁北兵追奔至河泊所翊猝遇之而戰北
兵大敗六月翊朝行在拜右僉都御史會稽人嚴我公以招(招)撫
至浙湖州柏襄甫會稽顧虎臣等皆降我公得渡海發使至四
明山翊之部將左都督黄中道烹(烹)其使我公遁去庚寅三月復
來朝進兵部右侍郎[南疆繹史同監紀作左侍郎]仍官如故八月破新昌拔虎山進本部尚
書右副都御史明年春北兵將攻舟山惡翊中梗乃分二道一

辛卯七月復遁山二十五日至北溪被執
前一夕有大星墮地
此條紀年作十三

由奉化。一由餘姚會師于大蘭山。帳房三十里。游騎四出。以搜
伏聽者。翊遁入海。復還山中。所留諸將降殺且盡。翊徬徨無所
倚。二十四日至北溪。為團練兵所執。是夜大星墮地。野雞皆鳴。
過奉化。賦絕命詩。有平生忠憤血。飛濺于羣虜之句。在獄中每
日從容束幘掠髮修容。謂守卒曰。使汝曹得見漢官威儀也。
八月十二日。會訊於定海。翊坐地上曰。毋多話。成敗利鈍皆天
也。汝等何所知。十四日行刑。羣帥憤其積年倔強。聚而射之。或
中肩。或中頰。或中脇。翊不稍動。如貫植木。洞胸者三。尚不仆。乃
斧其首而下之。始仆。年三十六。從者二人。一曰石必正。揚州人。
一曰明知。餘姚人。皆不肯跪。掠之跪。則跪而向翊。又有參軍蔣

觀江傳未詳所謂其母為誰氏之母也

業小腆紀年在丁酉元旦

士銓嘉善諸生在軍三年山寨之破他人皆去士銓獨從之初五日先朔受刑賦絕命詞朔在獄為文祭之而北人見者無不泣下曰非獨王公忠也乃其從者亦義士也與母為北帥所得以之招江江削髮以僧服見安置杭州母以天年終江復與定西侯張名振引師入長江登金山遙祭孝陵題詩慟哭丙申復與沈調倫聚衆四明山聲勢浸衰調倫見殺江亦傷箭而死先是休寧人趙立言以餘衆棲四明山中與江山諸生李國極約取江山戊子正月朔立言將三百人攻克之國極失期不至明日北兵大至立言迎戰殺數人馬躓墮水死子楨恨甚至國極家欲殺之乃為北兵所執與國極同死

王江字長升慈谿人為諸生與同里王翊同起兵結寨四明山中先是畫江而守二人連名上書監國請募沿海義勇勤王自效授戶部主事改戶科都給事中師甫集而王航海二人遂顓兵四明之杜嶴以為海上聲援海上人呼東西王以别之西王主兵東王主餉當是時浙東之師雲起由寧紹以至台處所謂山寨者相望也然皆烏合不練之兵又無所得餉四出劫掠居民苦之獨翊招兵最盛而江善理餉計山中屯糧所收不足親姓民家計其產用什一為勸輸以忠孝感動之有額外擾民一秉者必誅又時遣人入內地結連遺老致其扉屨之助故杜嶴一軍之強甲於他寨馮京第張夢錫遂合軍來守大蘭江總司

三營之餉、浙東列城、畏之如老羆當道、胥吏不復下鄉催租、於是山中之民益樂輸。監國之居舟山。非此一軍莫能安也。拜都察院右僉都御史、晉右副都御史、庚寅、大兵決計下舟山。先廓清山寨。以絕其援。白軍由餘姚奉化。會於大蘭。而游騎分道四馳。京第夢錫並死之。翊避入海。江亦遁去。大帥劫江之母。以招之。江乃盡薙其髮。以浮屠服至杭。大帥喜甚。盛為館帳。如幕府。而防閑之。未幾母卒。江買一妾、昵之。其妻晨夜勃谿詬誶。江乃控之吏、而出之。妻亦攘臂登車。歷數江之過而去。一日江游湖上。守者以其妾在不疑。而江竟不知所往。乃知向者特以術脫其妻也。江乃復入海。朝監國於金門。張名振請為監軍。甲午。引師入大江。抵燕子磯。望祭孝陵。題詩慟哭而還。乙未、名振卒。海師復下舟山。時有沈調倫者。復起四明山中來迎。江乃赴之。山中人聞江至。壺漿以迎者如蝟。浙東大帥方以舟山為急。聞江至。謂山寨且復為舟山犄角。急攻之。調倫見殺。江亦中流矢卒。

時在丙申八月

海東逸史卷十

翁洲老民手稿

列傳

張肯堂字載寧號鯢淵南直華亭人天啟五年進士崇禎末以僉都御史巡撫福建南都亡總兵鄭鴻逵擁唐王入閩與其兄南安伯芝龍及肯堂勸進遂加太子少保吏部尚書會原任工部侍郎曾櫻至言官請令櫻掌吏部乃令肯堂掌都察院肯堂面陳恢復大計因言江干之禍皆由罪輔馬士英又加以棄主而逃今聞其在浙法所不赦以唐王登極詔中即發其罪士英叩關自理七疏皆不納而芝龍力為之請詔令其恢復杭州始

小腆紀年亦云號鯢淵

小腆紀年云以翊戴功進兵部尚書

改左都御史掌都察院事

時尚書

平波將軍阮常卿至舟山始為某戚

林習山 綠吏善山寨

駐揚亭由暑二年山寨

申寧○于是士英竟不得入○然芝龍終無意恢復○惡肯堂之日以
親征勸王也○思出之外○肯堂以請出募舟師由海道抵吳淞倡
義旅○與浙東相倚後○乃加少保兼戶工二部尚書○總制北征賜
尚方劍○給敕印○便宜從事○以吏部侍郎朱永祐兵科給事中徐
孚遠從行○皆肯堂同里人也○肯堂乃請平海將軍周鶴芝將前
軍○定洋將軍辛一根將中軍○樓船將軍林習山將後軍○行有日
矣○芝龍密疏止之○以其私人郭必昌代為總制○命肯堂回福京、
監鄉試事丙戌八月閩中陷○肯堂飄泊海外○出私財募兵與周
鶴芝共事○尋為鶴芝所忌○乃北發、己丑十月○至舟山魯王拜為
東閣大學士○加太傅辛卯八月北兵大至有勸肯堂他適者、肯

庚寅末成功遣林習山平夷侯黃海如來護舍一人

丙戌十二月城陷兵海上林習山樓船鎮

堂曰我昔為閩撫、應死封疆、以唐王存亡未審故不死後知魯王在是亦高皇帝子孫因留事之今更何所圖惟有一死而已、北兵乘大霧集螺頭門定西侯張名振奉王航海、擣吳淞、思牽制北兵以肯堂為留守、城中兵六千居民萬餘、堅守十餘日城破、肯堂衣蟒玉南向坐視其妾周氏、方氏、姜氏、畢氏子婦沈氏女孫茂漪、次第縊死乃從容賦詩自縊于院左之雪交亭、雪交亭者滿院梨花肯堂平日讀書處也中軍將林志燦林桂並格鬭死守備吳士俊家人張俊彭欽皆絕脰死、北帥聞肯堂有絕命詞手跡懸賞募之、一老兵得之以獻北帥賞之不受曰我志在表揚忠義耶不為利也

（注：鮚埼亭集云姜姬投水死）

（注：繹史鮚埼亭集並作歡）

據鮚埼亭集姜姬投水死

彭欽 繹史欽作歡 鮚埼亭集亦作坎

以手錄其詩詞

據鮚埼亭集兆人字寅侯
丙戌閏六月起兵於塘
號誤字介許貢生好學有盛名
乙丑三月至江寧詠舊事小遊仙詩
兆人和詩有不敢衣冠可秀士謠移時
面目殘虜三句

蘇兆人字寅堂吳江人諸生少師事張肯堂南都失守亡命海上肯堂既相薦授中書舍人再進禮部主事嘗謂肯堂曰先生他日必死國事兆人當為先驅時傳江陰諸生黃毓祺殉節時獄中詩至肯堂兆人並和之及舟山破賦絕命詞曰保髮嚴夷夏扶明一死生孤忠惟自許義重此身輕拜肯堂曰兆人行矣即縊于雪交亭下肯堂拜且哭以酒酹之而後自縊

吳鍾巒字峻伯別字釋山號霞舟南直武進人弱冠為諸生出入文壇者四十餘年海內推為名宿而不得第晚以貢生教諭光州從河南鄉舉成崇禎七年進士年已五十八矣授長興知縣以旱潦徵練餉不中額謫紹興府照磨踰年移桂林推官聞

禮部（繹史作吏部）

京師變、流涕曰馬君常必能死節。已而果然。福王立。遷禮部主（南疆繹史作吏部）事。行抵南雄。聞江南陷。轉赴福建。痛陳國計。唐王甚重之、補廣東副使。未行。聞中又亡。魯王次長垣。以錢肅樂薦。召為通政使。肅樂鍾繼丙子同考所得士也申明職掌疏言近來遠近奏章。武臣則自稱將軍都督。文臣則自稱都御史侍郎。三品以下不屑署也。至所在游食江湖者。則又假造僞印。販鬻官爵。偃卧邱園。而曰聯師齊楚。保守妻子。而曰聚兵數萬。請加嚴核。募兵起義者。則當辨其冊籍花名。原任職官者。則當辨其敕書劄付。王是之。陞禮部尚書。原官如故。留督學政。已丑七月。王次健跳閩地盡失。每日朝于（於）水殿。而鍾繼飄流所至。輒試其士之秀者入學。

小腆紀年
朱永祐在舟山與鍾纍講顧氏東林之學或（與此如太）
笑其迂答曰崖州厓山陸丞相亦非耶（一曰）
鍾纍曰腐腐書生維周之楨可以氣世而
尖翁士耶

高謂攀龍李謂應昇馬謂世奇

牽之見王。襴衫巾縧拜起秩秩或哂其迂。鍾纍曰。陸秀夫在厓山舟中尚講太學豈可顛沛失禮乎。十月從至舟山。加太子太保辛卯八月舟山破。鍾纍時在普陀。慷慨語人曰。昔者吾師高忠憲公。與吾弟子李仲達死奄難。吾為詩哭之。吾友馬君常死國難。吾為詩哭之。吾門生錢希聲從亡而死。吾為詩哭之。吾子福之倡義而死。吾為詩哭之。吾老矣。不及此時尋塊乾淨土。耶一旦疾病死。其何以見先帝。謝諸君於地下哉。然吾從亡之臣當死行在。遂復渡海。入城。與大學士張肯堂訣曰。吾以前途待公。乃至文廟。積薪左廡下。藏所註易經于懷。抱孔子木主。舉火自焚。賦絕命詞曰。只為同志催程急。故遣臨行火浣衣。時年七

乙酉八月松江破

猶龍字雲升華亭人萬曆丙辰進士兵部右侍郎中治矣死

允彝字彝仲號瑗公華亭人崇禎丁丑進士乙酉九月自溺死

十五

李向中字豹韋號立齋湖廣鍾祥人崇禎十三年進士授長興知縣以能調秀水內遷車駕司主事甫至淮而國亡福王時晉郎中巡視浙西嘉湖兵備尋調蘇松甫至任而南都又亡乃與沈猶龍夏允彝等起兵不克走至閩唐王以為尚寶卿閩中敗避海濱劉中藻起兵攻福安向中同朝於王所拜兵部侍郎巡撫福寧監福安軍福安破從王航海進兵部尚書兼掌都察院事從至舟山加太子太保是時諸臣寄命舟楫日炙風餐面目黧黑獨向中丰采隱然白皙皙故庚寅冬丁外艱令墨縗視事辛卯八月舟山破歎曰先帝以治行拔向中不能死難華亭之

役不與沈旻諸公俱死福寧之役不與劉公俱死偷生七載亦
希得一當以報先帝今已矣死幸投我海中以志恨北帥召
之大駡不赴發兵捕之以縗絰見北帥呵之曰聘汝不至捕之
即來何也向中瞠目曰前則辭官今來就戮耳因大駡而死其
絕命詞有血化萇弘璧相向燃死灰之句行刑者乃其舊部遂
投其尸於海年四十一長子善毓從死
朱永祐字爰啟號聞玄南直上海人崇禎七年進士授刑部主
事改吏部乞假歸友人問近讀何書曰忠孝二字未熟何暇舟
鉛乙酉南都大亂預于夏陳諸公之事唐王立於閩中召為文
選司郎中改戶兵二科都給事中遷太常寺卿兼原官時尚書

張肯堂出募舟師。乃加永祐侍郎銜。偕行。素勸鄭芝龍毋降。不聽。將遣力士趙牧刺之。亦不果。閩中破。魯王擢拜刑部侍郎。王至台加吏部左侍郎。舟山建國。以工部尚書。仍兼吏部事。辛卯(卯)八月舟山破。適(適)病不能起。被執。北帥勸之曰。文丞相尚有黃冠歸故鄉之語。先生若肯剃髮。便可不死。永祐曰。吾髮可剃。何待今日。遂口占絕命詩。有云。縱使文山猶在日。也應無髮帶黃冠。(句有疑誤)請死。益加趺坐受刃(刃)。其僕負屍出城。流血沾衣。哭曰。主生前好潔。今遂無知耶。血遂止。

甲申六月以總兵時傑來回
小腆紀年云五月參將陞江北總兵

海東逸史卷十一

翁洲老民手稿

列傳

黃斌卿號虎癡，興化衛人。以恩例授把總，崇禎間官至翁洲參將。福王時，擢浙江總兵。南都亡，遁歸。唐王立，得附勸進，乃上言舟山為海外巨鎮，番舶來往，饒魚鹽之利，西連越郡，北達長江，此進取之地也。王善之，封為肅虜伯，賜劍印，率兵屯舟山，得便宜行事。魯王監國，以兵來會，進侯。紹興陷，富平將軍張名振扈王出海，投斌卿，斌卿不納。王遂飄泊外洋。然斌卿怯於大敵而勇於害其同類。副使荆本徹屯小沙嶼，斌卿擊殺之，并其衆。叛

擊或作劫 候酌定

將張國柱悉師攻舟山為阮進敗去斌卿復得其樓船百號聲
勢益振而進實名振之水營部將斌卿聞之使背名振奪其船
隻(隻)軍資器械無算寧(甯)國公王之仁鎮倭將軍王鳴謙至舟山斌
卿並誘擊之忠威伯賀君堯以殺禮部尚書顧錫疇為衆論所
不與挾重貲來舟山斌卿遣盜殺之掠其貲平西將軍王朝先
在蛟關斌卿利其兵力貽書招之中途遣將假迎擊之朝先跳
水得免於是諸將積恨斌卿會王在沙埕名振(進)同往迎之進軍
飢侍者曰保全舟山之力以百艘來告急斌卿不應亦不使人
至行在朝先遂與名振進合詞上疏于(於)王揭其罪惡有旨(旨)奉討
斌卿遣其將來攻陸璋禦之輒敗求救于(於)安昌王恭櫆大學士

張肯堂。上章待罪。所不改心以事君者有如水。又議和于[於]諸營曰。彼此皆王臣也。兵至無妄動。靜候處分。和皆安堵。既而玖瑋以斌卿之逃也。縱兵擊之。沈斌卿于[於]水。二女皆死焉。

第一行湖字應作胡　第六行領字應作衛

王朝先故四川土司也。崇禎中調征遼東。官平西將軍。京師陷。南奔魯王。時擁兵蛟關。黃斌卿利其兵力。屢貽書招之。朝先率二艦渡橫水洋。斌卿即遣標將朱玖陸瑋以假迎劫[刼]之。朝先跳水得免。既至。斌卿擒其印。留之部下。不任以事。定西侯張名振為之力請。還其印。解衣衣之。贈以千金。朝先居閒。請徇邊海。至奉化之鹿頸。四五月而聚兵數千。邊海為之出賦。丁亥。王次長

小腆紀年○朝先爲湖人　與云紀土司以調行塞上入內地

小腆紀年作朱玖瑋傳

南疆繹史作鹿頸

小腆紀年及並國紀朝先以乙丑七月變季　此作丁亥誤

擊或作劫　俟的查

將張國柱悉師攻舟山為阮進敗去斌卿復得其樓船百艘聲勢益振而進實名振之水營部將斌卿聞之使背名振奪其船隻（隻）軍資器械無算寧（甯）國公王之仁鎮倭將軍王鳴謙至舟山斌卿並誘擊之忠威伯賀君堯以殺禮部尚書顧錫疇為衆論所不與挾重貲來舟山斌卿遣盜殺之掠其貲平西將軍王朝先在蛟關斌卿利其兵力貽書招之中途遣將假迎擊之朝先跳水得免於是諸將積恨斌卿會王在沙埕名振（進）同往迎之進軍飢恃昔日保全舟山之力以百艘來告急斌卿不應亦不使人至行在朝先遂與名振進合詞上疏于（於）王揭其罪惡有旨（旨）奉討斌卿遣其將朱玖陸瑋禦之輒敗求救于（於）安昌王恭揚大學士

張肯堂上章待罪所不改心以事君者有如水又議和于諸營曰彼此皆王臣也兵至無妄動静候處分神皆安堵既而玫瑋背約出洋諸將疑斌卿之逃也縱兵擊之沈斌卿于水二女皆死焉

王朝先故四川土司也崇禎中調征遼東平西將軍京師陷南奔魯王時擁兵蛟關黄斌卿利其兵力屢貽書招之朝先率二艘渡横水洋斌卿即遣標將朱玫陸瑋以假迎劫之朝先跳水得免既至斌卿揃其印留之部下不任以事定西侯張名振為之力請還其印解衣衣之以千金朝先居閒請徇邊海至奉化之鹿頸四五月而聚兵數千邊海為之出賦丁亥王次長

小腆紀年○朝先宿州人原石砫土司以調征塞上入內地

小腆紀年作朱玫陸偉

案小腆紀年及[illegible]國紀朝先以己丑七月受爵此作丁亥誤

南疆繹史作鹿頸嶺

紀年作歸九京

垣。封為平西伯。朝先於是深結名振及蕩湖（胡）伯阮進以二人與
斌卿有隙也、己丑、閩地盡陷、上至健跳、軍飢、告急斌卿、斌卿不
應、會斌卿標將黃大振得罪、逃朝先所、因誣朝先曰、將軍家口
及標属（屬）盡被本爵所鈔沒、某以苦諫獲戾、故出亡耳、朝先積恨
久、遂與名振進合兵攻之、殺斌卿而并其眾、朝先既得志威福
日作、漸與名振携（攜）貳、爭糧爭汛、逞力恃強、名振領（銜）之、辛夘（卯）二月
名振忽引兵至。時朝先居守舟山。名振治兵南田。朝先不虞其
見襲也。士卒散遣民舍。倉猝無備。手格數人而死。
周鶴芝字九玄。福清人。讀書不成、去而為盜于（於）海。嘗往來日本。
以善射名。與撒斯瑪王結為父子。故在海中。無不如意。閒至家

為有司迹捕縶獄三年賄吏得解為盜如故久之就撫以黄華關把總稽察商船唐王立加水軍都督封平海將軍副黄斌卿駐舟山斌卿為人猜忌而鶴芝慷慨下士來者多歸附由是與斌卿不合魯王在紹興鶴芝議乞師日本已有成約斌卿止之曰大司馬余煌書來此吴三桂乞師之續也鶴芝怒而入閩斌卿乃自遣其弟孝卿同御史馮京第往日本不見鶴芝師卒不出王至長垣禡牙出師封鶴芝為平夷伯鶴芝師師復海口以參議林籥舞總兵趙牧守之旋復陷籥舞牧並死之鶴芝退保火燒嶴尋同鄭彩阮進之師次福州復敗績上至舟山鶴芝與弟瑞以樓船三百餘號分屯溫之三盤以為舟山犄角未幾與

小腆紀年作胡明中

搆小腆紀年進之作結

瑞有隙。王使吳明中往解之。明中至，搆之益甚。瑞遂南依鄭彩。鶴芝亦北進。阮進、彩與鄭成功爭廈門，為成功所敗，泊沙埕。鶴芝、進既怨瑞，而張名振欲結歡成功，遂與鶴芝、進擊破彩之餘兵。鶴芝軍遂振。辛卯八月，舟山破，鶴芝航海往日本，不知所終。

翁舞莆田人，趙牧常熟人，並為鶴芝客。鄭芝龍之降北也，翁舞陳八不可，弗聽。監軍朱永祐謂鶴芝曰：虞山趙牧，其人勇士也，我欲使見芝龍而刺之，不果。後並死海口。

阮進，會稽人，本海中盜也，善水戰，富平將軍張名振拔之，使管水營，常率一艦破賊船三百餘，故海上多望而畏之。叛將張國柱攻舟山，蕩湖伯不能禦。進以四舟衝國柱營。時秋濤方壯，大礮乘之。所向糜碎。國柱僅以身免。斌卿獲其樓船器械無算。反忌名振之有是人也，以計間之，使背名振而從己，進心弗善也。丁亥，王次長垣。封進蕩胡伯。己丑六月，名振復健跳所，以處王。七月，北兵圍健跳。進率其樓船數百。奮勇而至。金鼓震天。北兵解去。九月，軍飢。進恃昔日保全舟山之力。以百艘泊舟山告急。斌卿不應。遂與名振、朝先等合兵攻之。殺斌卿，投之于海。由是水師盡歸于進。王至舟山，加進太子太保。辛卯八月。北兵分三道來攻。名振扈王出海，而使進居守。進詣海門議和，北人欲誘之，進以數船脫歸。值北師舟過，進投以火毬。風轉篷腳。反擊進面。創甚，投水。為北兵所獲，逼之降，大罵，乃殺之。姪駿初，官英義將軍，加封英義伯。舟山破，與名振扈王出海，屯廈門。乙未，與總制陳雪之共圍舟山，破之。丙申復陷，與雪之並赴海死。

姚志卓，字子求，長興人。乙酉閏六月，與參將方元章（章）起兵，以錢塘人張起芬為將，攻破餘杭，與江東諸營遙為聲援。金堡至閩，奏其戰功，唐王封為仁武伯。十二月，餘杭陷，走於潛，元章戰死。丙戌十月，戰江山，又敗，遁入處州山中。其兄志元偽稱志卓已降，志卓得脫，而志元見殺。是月，與詹兆恒同破永豐。其後遷徙無常。至乙未冬，定西侯張名振、少司馬張煌言率水師至鎮江，志卓以其兵來會，力攻崇明，沒於陣。而起芬被執至杭，懸之樹間，射殺之。素不讀書，臨刑有詩云：身經刀過頭方貴，死不泥封

云元章長興參將，志倬瓶窰[illegible]州伯

紀年章作倬

倬字芝[illegible]，仁和人，崇禎庚辰進士，授吏部，知府，与志倬同里

詹兆恒字月如，江西永豐人，崇禎辛未進士，官至兵部左侍郎，丁亥三月以淘化不克死之

小腆紀年作甲午正月

頭被過鈇斧方頸死石事泥骨亦香 據小腆紀年補

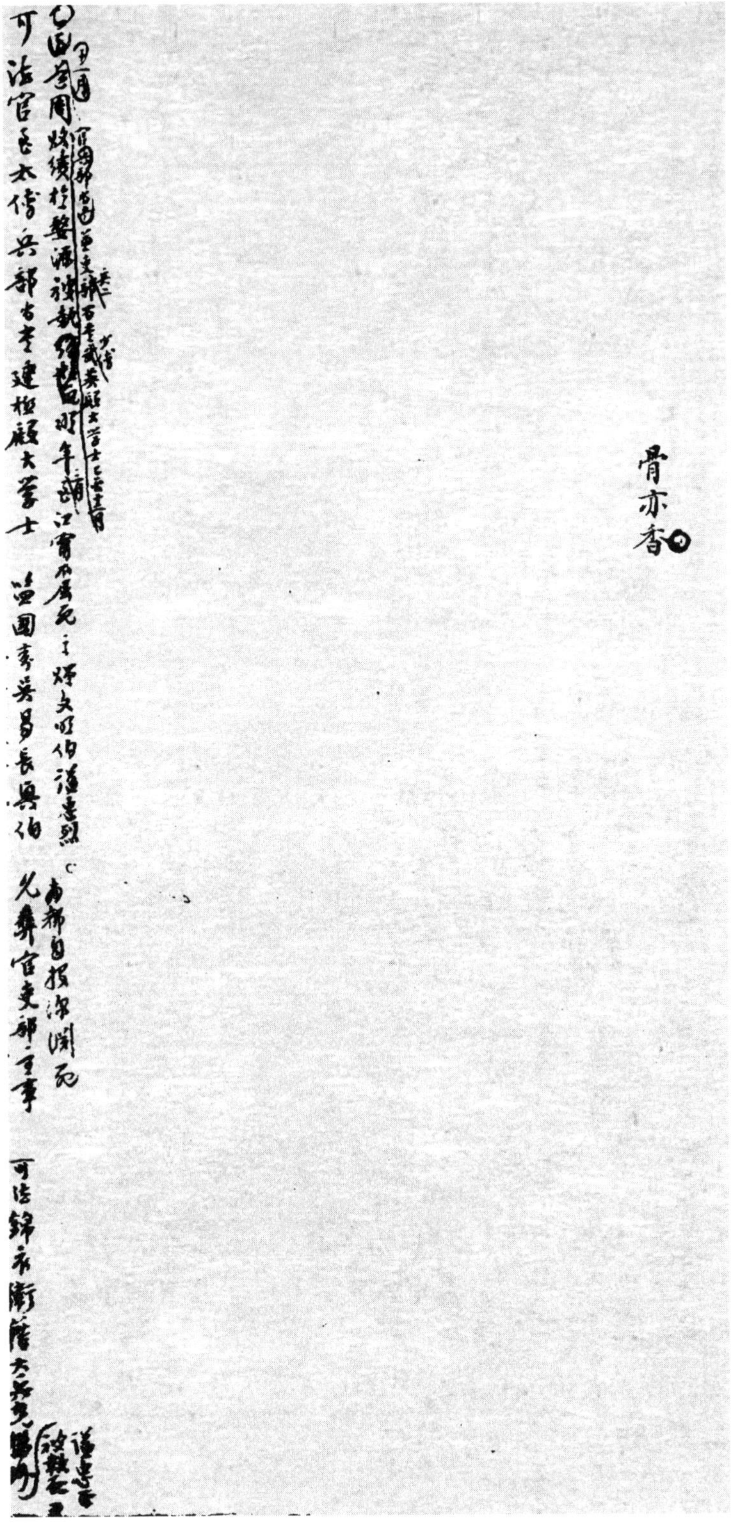
骨亦香。
年江寧不屈死。子煥文明伯謚忠烈。
南都自投深淵死
可法官至太傅兵部尚書建極殿大學士
謚國壽吳易長興伯
允彝官吏部主事
可法錦衣衛指揮

第三行克字似當作划

海東逸史卷十二

翁洲老民手稿

列傳

紀年云江寧人 靖引列詩錄同

又云監國加富平將軍

張名振字侯服山西人南京錦衣衛籍崇禎末以副將任台州石浦游擊封富平將軍乙酉杭州失守潞王降錢肅樂等舉義名振以兵來赴會王監國封富平伯丙戌六月江上師潰名振棄石浦遣中軍方簫以舟師迎王出海投肅虜伯黃斌卿于（於）舟山斌卿不納遂飄泊外洋會閩中永勝伯鄭彩以失撫州獲（獲）罪乃遣其將陳輝來（迎）王遂居廈門封彩建國公進名振定西侯丁亥四月吳淞提督吳勝兆反正以蠟書來求援斌卿不敢應而

時廷揚已遷侍郎

故都御史沈廷揚及僉憲張煌言侍御馮京第並勸名振以其兵就約時斌卿已進肅虜侯其肅虜伯故印猶在名振即以其印封勝兆尅師期而請廷揚煌言京第及給事中徐孚遠監其軍以行聯䑸二千將抵崇明海嘯大風舟覆踉蹌而歸廷揚死焉

觀廷揚本傳就戮在南京名時未內死也

己丑六月師師復健跳所時閩地盡陷鄭彩亦棄王而去名振迎王至浙九月與蕩胡伯阮進平西伯王朝先合兵攻舟山殺斌卿王遂移蹕舟山稱行在焉乃晉名振太師當國政辛卯七月北兵三道攻舟山名振以蛟關天險海上諸軍熟諳風信足以相拒必不能猝渡乃留阮進守橫水洋而自以兵奉王搗吳淞以牽制之軍甫發而進以反風失勢戰死城遂陷名振聞信

慟哭欲投于（於）海王與諸將救之而止乃復與英義伯阮駿扈王出海至廈門見延平王鄭成功成功大言曰汝為定西侯數年所作何事名振曰中興大業成功曰安在名振曰濟則徵之實績不濟則在方寸間耳成功曰方寸何攄（據）名振曰在背上即解衣示之有赤心報國四字長徑寸深入肌膚成功見之愕然悔謝曰久仰老將軍聲望奈多憎之口何因出歷年謗書盈篋名振立命火之繇是待名振以上賔（賓）行交拜禮總制諸軍癸巳春名振請師北上成功與兵二萬粮（糧）三月以兵部侍郎張煌言監其軍師過舟山遥祭死事諸公遂入長江趨丹陽掠丹徒登金山望石頭城遥祭孝陵三軍慟哭失聲題詩絕壁有十年橫海

題詩事在甲午正月
紀年以為次年勝時事
紀年以為甲午四月事
臣興原名臣功時授鎮將銜
紀年作乙未六月事

一孤臣之句（原注）詩云、十年橫海一孤臣佳氣鍾山望裏真鵝首義
旗新加出楚燕雲羽檄已通閩王師桴鼓心肝碎父
老壺漿涕淚親南望孝陵
兵縞素會看大纛禡龍津冬、盡撤回、明年春、益以兵、將再入長
江掠瓜州、侵儀真、抵燕子磯、札營平陽、時以上游有蠟書請為
內應、故名振舟舉、而所約卒不至、乃還、復屯軍南田、名振與士
卒同甘苦、諸軍感甚、有太師既枵腹、我輩亦忘飢之謠、會故仁
武伯姚志卓、誠意伯劉孔昭、並以軍來依、名振立營、號召舊旅
聲勢益振、遂攻崇明、入吳淞、掠戰船六百餘號、徑入山東登萊
諸處（虜）、直抵高麗而還、乙未冬、英義伯阮駿、總制陳雪之師師破
舟山、北將巴臣興降、名振徒步痛哭入城、至故宮、祭元妃陳氏、
及殉難諸忠臣、又祭其母、大作佛事、哀動三軍、旋感疾、臨終起

業小腆紀年舟山破名振閩母范氏妻馬
氏弟名揚闔門自焚死
名甲奉祖先木主自焚死
勝訒詢節錄亦云不屈死
明楫入太廟題詩壁上（亦據張蒼水傳者題詩山門）投崖死
又焦文作焦文玉楊復務作楊復泰

坐擊林連呼先帝數聲而逝。有大星隕海。光芒如雷。聲甚洪。葬（時乙未十月丁未）
時白鶴千羣。盤旋數日而去。先是舟山破。名振母李氏自縊死。
庶母范氏（[illegible]）赴水死。妻馬氏奉其舅木主、赴火死。凡諸生名甲觸
階死。弟左都督名揚被執不屈死。內姪職方主事馬星圖兵部
司務貢圖參謀顧民楫（[illegible]）監軍御史梁隆吉並自刎死。部將焦文
字稚存山西人。官總兵舟山破。力戰負傷。自刎死。妻張氏葬畢
亦自刎。楊復務字向昇亦山西人。官陸師副將舟山破。其標下
挾之降。投水死。計一門三十餘人。無一存者。

死[illegible]一云自經死
國朝賜謚忠節

海東逸史卷十三

翁洲老民手稿

列傳

○張煌言字元箸號蒼水鄞縣人刑部員外郎圭章子少時跌踢
不羈常負博進錢醉臥社祠中夢神謂之曰君宜自愛他日成
大事者君也由是感寤折節讀書崇禎十五年舉鄉試明年下
第歸京師陷憤不欲生乙酉閏六月錢肅樂等舉兵移檄會諸
鄉老煌言先至即遣迎魯王於天台授行人至會稽賜進士出
身加翰林院編修改兵科給事中入典制誥出籌軍旅頗見其
優紹興破泛海入舟山道逢富平將軍張名振扈王入閩從之

乘虛入江浦　虛字似應作需

續史作○府三明二十二　全謝山集亦作孤二十○孤

坐國紀作左侍郎

既至、招討使鄭成功以前頒詔之隙修寓公之敬于王而不為用。煌言勸名振還石浦謀再舉。加右僉都御史。自立一營曰平冈軍。時黄斌卿守舟山。名振以石浦之軍與為犄角。明年春吳淞提督吳勝兆請以所部來歸。斌卿不欲往。煌言勸名振應之。遂監其軍以行。抵崇明。大風舟覆。煌言等皆被執。乘閒脫歸。已諸將殺斌卿。王至舟山。煌言以所部入衛。拜兵部右侍郎。辛卯八月舟山破。煌言與名振扈王再入閩。次廈門。時滇中已封鄭成功為延平王。軍容甚盛。不肯奉王。煌言獨以名振之軍為王衛。時時激發諸藩。使為致貢。然煌言極推成功之忠。嘗曰招討始終為唐。真純臣也。成功聞之。亦曰侍郎始終為魯。豈與吾異

隙　於　卯　嘗　異

鄭紀北伐在己亥五月（本年四月本有是事）
纘史今名振入長江在癸巳之明年

趣哉。故成功與煌言所奉不同，而其交甚睦。癸巳春，會名振之師入長江，烽火達金陵，江南震動。時上游故有宿約，而失期不至。左次崇明。甲午再入長江，故誠意伯劉孔昭以軍來會。以孔昭南都亂臣，宜絕之。煌言曰：孔昭罪與馬阮等，然馬阮再責浙東，而孔昭以操江親兵，棲遲海上，累年則其心尚可原也。明年名振卒，遺言以所部歸煌言。時王已去監國號，通表滇中，桂王遣使加煌言左侍郎，兼翰林院學士。己亥成功與煌言會于天台，悉師北上。六月成功攻鎮江，煌言以偏師薄觀音門，來應（虜，原作應，以意改）入江浦，會所遣別將以蕪湖降書至，乃至蕪湖，傳檄郡縣。大江南北相率來歸。其已下者四府三州二十四縣（[illegible]），而成功以累捷。

陸行 陸字當作陸字

又聞江北如破竹，謂金陵可旦夕下。前鋒將余新銳而輕士卒，樵蘇四出，營壘一空。北師諜知之，以輕騎襲破前屯，擒新去。成功倉猝移帳，諸營瓦解，其將甘輝以馬蹶被擒死之，軍遂大潰。

輝海澄人 成功封崇明伯

竟撤鎮江之師出海。煌言歸路已梗，乃引舟歸鄱陽。八月七日與楚師遇，而兵潰，焚舟登陸，士卒尚數百人，歷霍山、英山，渡東溪嶺。追兵奄至，士卒皆竄，止一童一卒從，迷失道，乃賂土人為導，變服夜行，由樅陽湖出江，渡黃湓，抵東流之張家灘，陸行建德、祁門兩山之中，由休寧入嚴州。既而山行，自東陽、義烏出天台，以達海壖，樹纛鳴角，散亡復集。遣使告敗滇中，且引咎。桂王手敕慰問，加煌言兵部尚書，兼東閣大學士，命仍奉魯王監國。

續史祁山作祁門

而成功自輿敗之後不能自振思取臺灣以休士煌言貽書挽之謂軍有進寸無退尺今入臺則將來兩島皆不可守孤天下之望矣成功不聽壬寅春滇中陷五月成功亦卒于臺北安撫使以書來招煌言煌言復書略言不佞所以百折不回者上則欲匡扶宗社下則欲保捍桑梓乃因國事之靡寧而致民生之愈蹙十餘年來海上芻茭糗精之供樓櫓舟航之費敲骨吸髓言之慘然況復重之以遷徙訖以流離哀我人斯亦已勞止今執事既以保民息兵為言則莫若盡復濱海之民即以濱海之賦畀我在貴朝既捐棄地以收人心在不佞亦暫息爭端以俟天命當與執事從容羊陸之交別求生聚教訓之區於十洲三

島閒。而沿海籍我外兵。以禦他盜。是珠厓雖棄。休息宜然。朝鮮自存。艱貞如故。特恐執事之疑且畏耳。則請與幕府約。但使殘黎朝還故土。不侯即當夕掛高帆。不重困此一方也。十一月。魯王薨于（於）金門。煌言泣曰。孤臣之栖栖有待。徒苦部下。相依不去者。以吾主上也。今何望乎。甲辰六月。遂散軍于（於）南田之懸嶴。其地在海中。荒瘠無人。山南有汊港。可通舟楫。而其北為峭壁。煌言因結茅居之。北帥懼終為患。募得其故校。以夜半從山背緣蘿踰嶺而入。暗中執之。七月十七日至寧（甯）波。北帥舉酒屬（屬）曰。待公久矣。煌言曰。父死不能葬。國亡不能救。死有餘罪。今日之事。速死而已。何必多言。至杭州。供帳如上賓。自督撫而下。無不敬

小腆紀年作懸山嶴

案小腆紀年以七月十七日被執越二日至寧波

續者心傷
戊年四十五歲逢九月七六度已
不支淺仁參事畢

禮之。浙人賂守者得覩一面為幸。煌言方巾葛衣終日南面坐不言不食惟啜水而已見者以為天神九月七日臨刑赴市。在竹輿中。遥望鳳凰山一帶。始一言曰。好山色。因索筆賦絕命詞數章。挺立受刑。年四十五。參軍羅子木僕人楊冠玉殉焉子萬祺已先三日死鎮江子木名綸。以字行。溧陽人已亥煌言師出長江。子木挾策上謁。煌言奇之。欲留之幕以父老辭成功因強其奉父泛海子木至海上不欲參成功軍事。因奉父北行將赴煌言軍。猝遇北兵格鬭。子木墜（墮）水。得救起。而其父被縛去子木展轉閩南。思出奇計以救父。適時不得音（音）問。嘔血幾死。復赴煌言軍。煌言勉以立功即為報讎。遂相依不去。竟同死冠玉鄞人

黃山樵紀年餘姚兵起係初九日事
鄞人建義則以十二日也

海東逸史卷十四

翁洲老民手稿

忠義一

董志寧字幼安，鄞縣人，歲貢生，以名節自勵。乙酉六月，北兵入浙，志寧與同里諸生陸宇爋、張夢錫、華夏、王家勤、毛聚奎遍謁縉紳，勸以舉義，皆笑以為狂。獨刑部員外郎錢肅樂是之，顧兵事莫能集。閏六月八日，餘姚兵起，明日會稽應之，又明日鄞人始會議，肅樂獨任之。而故太僕謝三賓家富耦國，適從江上迎降歸，惡聞其事。定海總兵王之仁亦以迎降得仍舊任者，三賓私遺書，乞以所部來斬此六狂生，當以千金為壽，之仁許之。既

而中悔、致書肅樂請自效、三賓不知也。翌日大會演武場、之仁
出書責三賓、令斬以祭毒（纛）、三賓叩頭乞哀、請出家財充餉、乃止。
魯王監國、授志寧（甯）大理寺評事、祀師瓜里、而三賓亦至、以賂結
戚畹張國俊、驟躋東閣、志寧（甯）遂棄官歸。丙戌六月、江干師潰、三
賓復降。時浙地盡陷、衹（祇）存舟山、石浦、而航海之軍至長垣、連取
閩海州縣。且逼福州。於是北兵之備浙者、頗抽以備閩、浙中諸
山因復結寨自固。志寧（甯）與華夏、王家勤及諸生楊文琦、楊文瓚、
屠獻（獻）宸、董德欽等。謀取寧（甯）紹台諸府。遣使走舟山約黃斌卿、又
約義旅之在四明者王翊、在東山者李長祥、令以兵攻寧（甯）波、而
已翻城應之。復為三賓所謀知。發其事。志寧（甯）與德欽逸去、而五

翻城之舉、行朝錄云在丁亥二月、小腆紀年誤。

棄此見輯曉及甬疆錄史作自縊死

華夏字吉甫一字默農晚號過宜居士據鄞縣志

授兵部司務晉職方主事據忠烈合狀云小腆紀年亦云

人皆遇害、所謂五君子也。魯王至舟山、還志寧兵科都給事中、時時奉使入內地、聯絡山寨諸軍、以為海上策應。辛卯九月、舟山破、自刎死、繼妻羅氏聞訃、仰藥卒、子士駿、士驥、蹈海不返、僕文周縞素終身、

華夏、字吉甫、一字過宜、號默農、浙江定海人、後還鄞、貢生、通樂律、少與同里王家勤同受業於倪鴻寶、又同學於黃石齋、又同參劉蕺山講席、杭州破、與董志寧等佐錢肅樂起兵、魯王監國授職方郎中、汗千師潰、慟哭歸、戊子、復謀翻城之舉、乞師翁洲黃斌卿、許之、乃歸、而其書為偵者所得、降臣謝三賓證之、遂被執、當事詰同謀者、夏慷慨獨承曰、心腹腎腸肝膽、吾同謀也、再

拷之大呼曰太祖高皇帝造謀烈皇帝主兵安皇帝主餉其餘甲申乙酉殉節諸忠范公景文史公可法而下皆同謀也當事利三賓之財亦誣以同謀令夏引之夏對曰若謝三賓者齷齪鄙夫反面易行首先送款建義之事何可引之三賓在旁搏顙以謝夏在獄中鼓琴賦詩如平日絕命時有白光一縷沖天而去繼妻陸氏名玉辰知例當發遣慮有汙辱乃結帨於梁引頸就縊帨忽絕復取結之須臾而盡魯王監國翁洲贈簡討門人私謚曰毅烈

張夢錫字雲生鄞縣人為諸生精武事與董志寧等佐錢肅樂起兵授兵部司務擢御史江干師潰走結山寨曰大皎軍庚寅

紀年作九月

小腆紀年云字海人

陸宇爗以康熙癸卯死

十月北兵至夢錫持長矛出鬬殺傷略相當衆寡不敵遂死其下五百餘人皆從之無一降者當戰時有突圍而去者三人翼日有負夢錫屍葬之大皎之南麓者即此三人也

8 王家勤字卣一號石雁鄞縣人為諸生通經術三禮俱有論說受業劉宗周之門與董志寧等佐錢肅樂起兵授大理寺評事江千師潰復謀翻城之舉事洩被執移獄錢塘累訊瞠目不一語乃殺之門人私謚忠潔著有靜遠閣集

○陸宇爗字周明號鑽庵鄞縣人石都御史世科子以諸生與董志寧等佐錢肅樂起兵授監紀推官俄進按察副使仍監軍江千師潰遯歸不出歷十八年復謀舉兵應海上事洩被執死之

年五十六、鄉人私謚節介、

○毛聚奎字象來、一字文垣、自號吞月子、鄞縣人、貢生、與董志寧等佐錢肅樂起兵、參瓜里幕務、授戶部郎中專司餉事、紹興破、奔走山海之間、累遭名捕、行遯得免、六狂生之幸得終老牖下、者聚奎一人而已、

○屠獻宸字天生、鄞縣人、兵部侍郎大山曾孫、以諸生從軍、授車駕司主事、江上事敗、角巾歸里、戊子與華夏等同謀翻城之舉、事洩被執、死之、監國還軍翁洲、贈大理寺丞、妻朱氏賢而有文、獻宸死、賦絕命詞而自經、

8 楊文琦字瑶仲、號楚石、鄞縣人、唐王臨軒、以貢生召對、授惠安

小腆紀年作職方主事

訓導，尋加監紀推官，視惠安諸軍。閩亡，返浙，與華夏等同謀翻城之舉，事洩被執，不屈死。妻沈氏亦自經。監國還軍翁洲，贈兵科給事中。

楊文琮，字天璧。監國時，以諸生從軍，授職方郎中。戊子，與謀翻城之舉，事洩遁去。張煌言託以聯絡中土事，自是每歲往來海上不絕。癸卯，有降卒自海上言文琮將引海上將趙彪為患，遂至錢塘。歎曰：「吾固雁行中漏網也，本可死矣。」賦絕命詞曰：「憑誰瘞我孤山上，魄是梅花鶴是魂。」遂扼吭而卒。

楊文瓚，字贊玉，號圓石（元石），鄞縣人。崇禎十二年舉人。監國初，官御史，力言閩浙宜合不宜分。時方爭閑讀禮，多不以為然。文瓚乃

入閩又力言當聯絡閩浙以為同仇不當啟爭端唐王然之乃
命以掌貴州道拒防建延三關而浙東亡仙霞告急唐王出走
乃返故里與華夏等同謀翻城之舉事洩被執大呼萬皇帝不
絕而死妻張氏名玉如工翰墨文瓚死以級聯其身首一慟幾
絕遂衣其故時衣服題絕命詞一首解所佩帶自縊而絶監國
還軍翁洲贈都察院右僉都御史

楊文琦字天琅魯王監國授都督府都事翻城事洩二兄皆死
乃之閩就閣部劉中藻于福寧令恭幕府軍事次年福寧不守
死之

董德欽字若思鄞縣人兵部侍郎光宏之孫以諸生從軍授監

小腆紀年五字海人

紀推官。江干兵敗。乃歸。戊子、與華夏等同謀。事洩、被執。死之。監國還軍翁洲、贈兵部郎中

倪懋熹字仲晦。一字煜生、鄞縣人。錢肅樂起兵。欲貽書王之仁而難其使。懋熹請行。事遂定。及畫江分守。以職方主事參瓜里軍。唐魯爭頒詔之禮。越使陳謙入閩而死。閩使陸清源入浙亦死。議募一能者。乃以懋熹往。果稱旨。令以僉事分守建寧。戊戌北兵來攻、出戰、力不支、死之。時八月十一日也。年三十九。

徐啟睿字聖思、鄞縣人、為諸生、負才任氣、感憤時事、削髮為僧聞錢肅樂等舉兵、乃破關出、投其營。魯王授錦衣衛指揮、不拜自稱白衣參軍。時江上諸營、多首鼠觀望、無一肯發兵者。啟睿

乃集其麾下百人諭以大義提劍渡江直薄西岸北兵以為游
騎亦遣裨將禦之啟睿奮劍直前掩殺過半城上乃亟出銳師
長圍四合遂被執諭之降大罵乃殺之
趙毅字金城平湖人尚氣節工武略嘗有百足蟲伏其卧處雖
遠出數十里經宿蟲必至毅心竊喜自負謂他日公能崛起布
衣於是人皆呼為趙百足云乙酉南都破北兵至浙江魯王監
國於紹興毅慨然仗劍從之授左營游擊率軍與北兵戰於杭
城外飛礮中首首已飛去猶持劍策馬大戰北兵大駭為少卻
毅猶單騎馳逐數里馬蹶墜地乃仆
○李桐字封若號侗菴鄞縣人三歲而孤事兩母盡孝為諸生不

強國挺據、鄞縣志補路
以下據戴丞王黌傳文士

屑數行墨甲申之變抗言於諸當事請發義旅以待勤王之舉南都亡呼天大慟遂得疾呼祝宗祈死會浙東舉義錢肅樂等強之起乃稍稍進食遣長子文彔從軍授兵部主事病稍愈明年六月紹興陷哭曰吾今定死矣疾果作遂卒年四十九門人私謚貞慤先生文彔與弟文昱葬父畢墨縗赴海上崎嶇軍旅文昱亦授戶部主事事辛卯翁洲失守扈王出海遇颶風溺死

路國挺字天植號寒匡諸暨人僑居鄞生有殊才江東兵起破家輸餉授職方主事為降臣謝三賓所惡幾殺之紹興破三賓復降國挺晦迹里居三賓復散流言以激衆怒遂被逮久之得脫貧困死

李文纘、字昭武、一字夢公、號甞樵、鄞縣人、錢肅樂起兵、文纘以諸生實先從之、授兵部員外郎、江干師潰、悒鬱不自得、戊子、豫翻城之難、被訊不為遜詞、在獄六、與同事楊文瓚分賦雁字詩、一月之中、遂成卷帙、明年再訊、再被拷、終不屈、而華夏力任之、乃放歸、遨遊四方、以老、臨終、其子問遺言、命取紙、大書曰、眾人皆醒、非夫也、瞋目而卒、所著有春秋經傳纂注、麗溪新語、賜隱樓古文、並散佚、

8 杜懋俊字英候。鄞縣人、世居縣東之管江、為諸生、以仗義聞、浙東不守、日夕痛哭、與其叔兆葹及施邦炌聚眾三千。刻期舉事。謀洩。邏者至。懋俊梟其首。據樓山立寨。鳴鼓起事。與北兵轉戰三

小腆紀年云寔海人

日。及寨破。慭偾猶以家丁力戰。頭目中矢如蝟。倚牆而斃。尸屹立不仆者數日。

杜兆蓰字承芝。為諸生。嘗以兵法部勒族人。分隊瞭野。擊柝行夜。閭黨賴以安堵。沿海諸村亦多倣而行之。寨破被執。大罵不屈。斫其首十二刀而後墜。

屈大鈞據書後祥傳 向作大均

小腆紀年云寧海人此誤 助作寧玠

鮚埼亭集作作寧玠

8

施邦玠字仲茂。鄞縣人。諸生。故都督僉事之後。其先世以尹管江。因以家財佐杜氏募死士事。敗。拔先世所遺佩刀自刎。曰。吾不負此刀也。時稱管江三烈士。

小腆紀年云邦玠自焚其營拔佩刀自刎死

魏耕原名璧。字楚白。甲申後改名字白衣。又名甦。號雪竇山人。慈谿人。以贅壻僑居歸安。遂充歸安學博士弟子。國亡棄去。所交皆當世豪俠茗上起兵亦與焉事敗亡命江湖妻子滿獄弗恤也久之事解乃閉户為詩酷嗜李供奉己亥鄭成功兵入長江幾下金陵江南半壁震動知其謀出魏耕刋章名捕亡命潛行癸卯又以海上降卒至語連耕遁入山陰踪蹤跡得之至錢塘抗詞不屈死於菜市山陰人李達楊遷經營其十[illegible]亦又是遣戍先是歸安諸生錢纘曾與耕善耕被執纘曾以兼金賄吏得解孔孟文者險人也從成功軍來有所求于於纘曾不餍并怨耕以其蠟書首之故纘曾亦被殺番禺屈大均不可一世獨獨心折耕詩嘗嘗有詩云平生梁雪竇是我最知音一自斯人死三年不鼓琴

陳函輝 煇字謹 據鄞縣志宣作函煇

汪涵，字叔度，號梅溪，奉化人，諸生，從學黃宗羲，遂參其軍事。浙東失守，監國由江門入海，涵隨宗羲走四明山中。宗羲偶出，邏卒至，焚寨，夜半火起，全里出鬪，從烈焰中殺數人，已得出，歎曰：所圖不遂，命也，不死且自取辱。還鬪而死。

張廷綬，字雲衢，鄞縣人，少喜讀兵法，善挽强弓，舞大刀，補武學生。錢肅樂起兵，以驍勇署總統。陳函輝起兵台州，而以倉把留中調度，乃以其兵屬之廷綬，奏授都督僉事，統所部還鎮台之海門。已而閩中大將李唐禧至，監國以其宿將，使共治軍於台。唐禧故金山衛官，起兵不克，入閩，由閩入浙，廷綬讓之，凡署銜列座，必使居己上，而唐禧自以客將，每事皆咨廷綬而行。每大兵入台唐禧謂廷緩曰公當俟陳公消息然兵已逼不如偕我早死徒殺士卒無爲也廷緩曰諾各遣其麾下袍笏几坐營門大兵過其營諭降不屈殺之唐禧亦被殺而廷緩眷屬之從軍者皆死無一存

章有功會稽農夫也浙東建義應募從軍驍[illegible][illegible][illegible]以白軍爲前鋒華夏等翻城謀洩大兵急攻東山有功所將五百人皆具藁人勇每戰必勝大兵以全力壓之不支被擒拉脅決齒喪發猶大罵而死

章欽臣督師孫嘉績部將也以都督同別營火攻事江上破欽臣散軍亡命其後以應山寨諸軍事敗被執死之妻金氏沒入

三四个人
據鄭知寺宜作三四千人

髮兵二字疑衍須酌改

旗下將發遣，大罵不屈，竟磔之。行刑者見氏有姿，不無褻語，氏罵愈甚，刑畢而其人暴死。氏遂時時降神，東越居民尸祝之。

○戴爾惠，字少峰，鄞縣布衣。錢肅樂倡義時，大會城隍廟，爾惠舉手一麾，三四千人皆從之。相與擁肅樂赴巡按署，遂舉事。以戰功封義武將軍。江干失守，遁歸。其後山寨大起，復出而預之，遂一門殉焉。

紀年云金華破巖遁至義烏死

海東逸史卷十五

翁洲老民手稿

忠義二

傅巖字野倩義烏人崇禎七年進士授歙縣知縣被讒去官魯王監國擢江西道御史爲朱大典監軍北兵破金華與二子齡發齡熙並死之初巖之遇禍刃將及齡熙年甫十一以身翼蔽其父刃著於頤而死齡發趨救矢洞右腋移時復甦見父弟已死遂以手抉其創而卒長子齡之從外至得不死乃奉其母歸杭州藜藿不充蓬頭垢面者又十餘年而終

王之栻字瞻御南直武進人甲申殉難忠臣章子南都不守東

走至鄞，截江之役，監國令以墨縗任車駕主事，知鄞縣事，其制詞曰：以汝父之遺愛，望厥子之世忠。之拭泣而受命，蓋章初亦為鄞縣令也。已見江上事不可為，辭去，入閩。唐王令仍管駕部事。而閩事亦壞，復返鄞。閣部朱大典守金華，招之，之拭乃為之練兵於義烏，兵敗，入山中，謀再舉，被執，不屈，死之。

林汝翥，字大葳，號心泓，福清人。萬麻末舉於鄉，授沛縣知縣。天啟二年，以擊白蓮賊徐鴻儒，縛妖人王普光等功，擢御史，巡視京城，忤逆閹魏忠賢，廷杖削籍。崇禎末，起廣東瓊州道，坐奸民煽亂，貶秩歸。福王時，起雲南僉事，已而解職。魯二次長垣，召為兵部右侍郎，總督義師，與員外郎林埜攻取福寧，兵敗，被執，諭

雲南以流書紀事五

勝野鈔本錄誌與此合

降不從。繫之。除夕。吞金屑死。

林埜字子野。號恥齋。汝霖同邑人。崇禎十六年進士。授海寧知縣。南都亡。杭州不守。當卒乘機乏餉。環署大噪。埜罪為首者。而如其請。以城孤不能存。引去。唐王時。黃道周督師。請與偕行。以戶部員外郎司餉。改監察御史。往諭浙西。行至贛州。以典銓缺人召還。復改文選員外郎。主銓政。埜曰。此閩之[illegible]之一年非今日之所急也。乃辭去。募兵數千人。為鄭芝龍所阻。聞王被殺。號痛而返。散兵入山。制棺一具。布衣一襲。書大明孤臣之柩。以待死。及魯王航海至長垣。郡邑響應。福清鄉兵請埜為主。埜別其父曰。兒當死久矣。奉命守海寧。失城池。當死。鹿踤不終。當死。豈

一林伊福州人因攻取福清死

據繹史云 福清及福州府城如之

亂

第一行不以二字當作以不

道周字幼平漳浦人門下士稱石齋先生天啓壬戌進士

從鹿汀州谷拜不能及歸協返匿山中

續史元書字綏轂

可再使延命漏刻，以不令之名貽羞父母乎。遂直履負戈襟徒旅中。與汝翥攻取福寧。身被數創。猶勒兵力戰，為流矢中傷而死。友人葉子器者。初在營中。為北兵所獲。使之作書。招姿子器。書所作絕命詞授之。亦被殺。（南疆繹史云：二林皆福州人，因攻取福清以）

俞元良字仲驤，海寧人，崇禎癸未進士，魯王監國從沈宸以數百人襲海寧，士民迎之者萬人，汝霖欲擇一人主兵，而紳士持論皆首鼠，汝霖歛陳大義，元良慨然曰：此豈公一人之事，某焉敢獨後，遂以監軍兼攝海寧縣事，及北兵破城，與兄元禮同殉節死。

周宗彝字五重，海寧人，崇禎十二年舉人，少受業於吳太沖章

望國以唐參政分守興泉

小腆紀年云閩中授給事中

正宸為人有膽決尚氣節嘉興之城守也宗彝亦集里中少年應之魯王授職方員外郎大學士熊汝霖令守夾石鎮兵潰赴海死妻卜氏與二妾名朱衣紫衣者並自縊弟啟琦巷戰力竭亦被殺

湯芬字方侯嘉善人崇禎十六年進士福王時為史可法監紀推官唐王以為御史尋以福建參政分守福興泉三府興化城破緋衣坐堂上被殺

林嵋字小眉莆田人由進士為吳江知縣蘇州失歸事唐王官御史復事魯王為吏科給事中興化破自縊死

都廷諫杭州人官莆田知縣城破死之

洪有文，官澄海知縣，城破死之。

鄭正鑑，字王都，永福人，官兵科給事中。鄭彩專政，棄官歸里居。城破，賦絕命詞，投水死。

林逢經，字守一，永福人，以御史里居，城破，投水死。

王恩及，長樂人，官御史，遷太常，里居，城破，服[illegible]死[illegible]亦死。馬謚忠襄。

王祈，太倉人，建寧守將，封鄭國公，建寧破，巷戰不勝，自焚死。

沈履祥，字其旋，號復菴，慈谿人，大學士宸荃從兄也，登崇禎十年丁丑進士，知候官、甌寧二縣，有循績。福王時，治平安策，又上責成疏，頗見採納。魯藩監國，以御史督餉台州，城破，遁之山

紀年作王恩又萬祿御史

平字似衍

中○北兵搜山，得之○被殺於野○其弟穀祥往求其屍○得其首於桑園○得其身於亂屍中○以服帶可據也○乃紉合而葬之○（南疆繹史作國英誤）

陳世亨，官中書舍人，為鄧藩審理，以一旅復安固，援兵不繼，被執，大罵而死。

繹史 安固作固安

紀年史鄧藩理者另一人

洪有文據同安阮錫夕陽寮存稾洪先士傳云諱有禎嘉禾里人也（諸書皆作有文饒州人 據澹圃紀年作江西浮梁人）

洪有文饒州人

繹史鄖正叢字濤原

海東逸史卷十六

翁洲老民手稿

忠義三

禹岱字魯瞻號白浦會稽人崇禎中以武學生舉順天鄉試被黜久之辨復魯王監國授職方主事及紹興失守慨然曰上恩厚矣國家文武異途重義輕武佔嗶小生守土以肩其任而戮力疆場者指為粗人以致寇盜充斥不能抗禦神州陸沈職是故也我本武學得授文職偪側搶攘無益毫髮尚不能以一死報國乎劉蕺山吾鄉先生也吾當師之即絕粒祈死其子諸生朗生之閱八日知父意不可回泣拜父前曰兒請先之乃攜巾服泛

小腆紀年云上寔八

小舟、給舟子出海禱神、去岸遠、北面再拜、躍入海中、舟子急挽之、齧舟子臂、始得下、舟子又入水救之、捽其巾、朗躍出水面、正巾而沒。崟聞之曰、兒果能先我乎。自是不復言、又閱數日、而卒。

葉如藩（南疆繹史作江人）字衡生、會稽人、崇禎三年舉人。魯王監國、與同里葛崟同授兵部主事。每會食、相與抵掌言忠孝事。已、與崟別、出居桐塢墓所、崟送之曰、君殆隱於是乎。如藩曰非也、我無城守責、死於墓耳。遂與王氏並赴水死。王以被救免、次日復死之。

俶復儀、字漢官、號雪潭、錢塘人、崇禎十六年進士。福王立、授刑部員外郎、明年主試雲南、行數日而南都陷、歸事魯王、加翰林院編修、辭曰、侍從文墨、所以潤色太平也、今戎馬日逼、臣不得

又云投崖死

小腆紀年作云南貢生

馳驅疆場。為陛下負弩矢。猥賜臣清燕。死無以塞責。不報。未幾（塞責）

浙東破。歸家、拜父母、別妻子、泣奔蹲山、投空谷、、虎豹觸之不

為怪、一日大風雨、晝晦、傳聞兵四合、乃曰吾命盡矣、遂扼喉死、

待旦而父始至、持其首而泣、目尚張、父曰、兒得死所矣。乃瞑、

唐自綵、字西望。四川達州籍。江寧人。崇禎末。以貢生官臨安知

縣。有循聲。杭州失守。自綵與姪偕豫逃山□□□□受□王敕。

陰部署為變者。遂被捕獲。北帥諭之曰。我知汝賢吏、故不加兵、

行且荐（薦）於朝矣、自綵曰士各有志、安用相強、北帥曰、獨不念少

妾幼子乎、自綵曰大丈夫豈以子女易大節、卒與其姪偕死。其

妾大呼願從死。亦殺之。偕豫字敬子、（[illegible]史館 偕子作之）亦貢生。唐王贈自綵太常

寺少卿偕豫太常寺博士

王玉藻（瑑）字質夫號螺山南直江都人司勳（勳）郎納諫子崇禎癸未

進士授慈谿知縣有異政甲申國變哀號求死家人勸之乃止

南都繼陷與沈宸荃共起兵晉御史尋以兵科都給事中往軍

前而江上諸帥惡其往事邁往壯氣勃然空不可紓乃力請還

朝在垣中持正又不為諸臣所喜乃力求罷不許及紹興失守

王走海島玉藻仰天大慟躍入池中復為家人所救得免遂隱

居（居）不出終身不薙髮不改故衣冠一夕忽作絕命詞曰半生辛

苦泣孤臣剩（賸）得乾乾淨淨身四大既崩神失散云云篇草稿付誰

人擲筆而逝年六十六玉藻為令時首拔童子姚亦吞國亡後

小腆紀年辛卯補錄以鄉以識紀

一作撝律史作階豫字敬之
屯部郎中一作屯田郎中
周為田祖兄弟齊名其族子也

赤棄衣巾來依玉藻往往無人時師弟相對悲啼久之成癲疾每一動念疾輒作作則踴躍跣跔遶座而泣竟以癲死

周元樾字柱礎一字德林鄞縣人文穆公應賓從子以文穆任官南京右軍都事屯部郎中知貴州思南府丁艱未赴而京師陷江東建國錢肅樂等招之固辭不出而破家輸餉不吝丙戌六月江上失守慟哭自沈于水以救得甦了也剃名僧亡夕縱酒嘔血而卒

周元初字自一號立之文穆公應賓從子文穆無子撫以為子少負大略所交皆忠義士江東建國罄家財以輸餉錢肅樂以文穆遺恩奏授郎署不受遂以白帢從軍紹興破行遯深山以死

元楷據鮚埼亭集作元楷為是

倪懋楷字端卿與懋熹同族同起江上授大理寺評事事去歸（鮚埼亭集作元楷）
家以不雜髮被執論死下獄其母遣人擕（攜）酒入獄飲之醉熟睡
盡去其髮醒而禿矣痛哭自欲裁旁人以母命止之得免
朱養時江陰人官兵部郎中兼禮科給事中舟山破抗節死
董廣生原闕人官御史舟山破自焚死
楊鼎臣字恩任鄞縣人官吏部文選司主事舟山破先驅妻子
入井乃從之
林瑛字玉之福建人官吏部主事同母妻女及壻五人航海入（南疆繹史作玉英）（作戶部）
浙壻隨鄭彩去瑛至健跳所母死貧甚妻陳氏汲女為人紉衣
給食已而女死及舟山破瑛與陳氏並自縊

林瑛 據嘯紀吏部作戶部 作□□以聞□年

宗堯 當依嘯紀作宗堯 上目錄亦誤

繹史字玉之作玉

英

航海遺聞作楊開國

小腆紀年宗堯一作中堯

案小腆紀年顧玢山陰人

□南疆繹史摭遺云陳所學字

顧行無江中汜翁健名

江用楫、蘇州人。官戶部主事。舟山破，殉節死。妻　氏亦自盡。

董玄、會稽人。官禮部祠祭司主事。舟山破，自縊于（於）學宮。

張家璧　原闕　人。官禮部儀制司主事。舟山破，自投城下，未死，被執。勸之降，不從，乃殺之。

朱萬年、福建人。官兵部主事。舟山破，死之。

顧珍、長洲人。官兵部主事。舟山破，死之。

李開國、臨水衛人（南疆繹史作臨清人）。官職方主事。舟山破，死之。母　氏亦自縊。

顧宗堯、長洲人。官工部主事。舟山破，同母死之。

顧玢、　江中汜、　陳所學、　顧行　翁健，並中書舍人。舟山破，皆死之。

○戴仲明，鄞縣人。官工部營繕所所正。舟山破，殉節死。

章有期原闕人。官太醫院院副。舟山破，自焚死。

劉世勳勳字肖之，南直上元人。崇禎末以武進士歷官都督僉事，助防翁洲，黄斌卿不能用。監國駐師，進安洋將軍。辛卯八月，大兵分道下舟山，張名振奉王出海，而世勳勳戰守。世勳勳料簡城中步卒尚有五千，麾下死士五百，居民之乘城而守助。大兵慶卽攻慶都，乃益兵攻之。城陷，世勳勳朝服北面望海拜謝，自刎而死。

王朝先相大興人。官錦衣指揮。舟山破，護元妃陳氏、貴嬪張氏、義陽王妃杜氏入井，用巨石覆之，卽自刎其旁。

劉朝原闕人。內官官監太監。舟山破，視宮眷入井畢，卽自刎其旁。

先字作相

咗水衛 繹史作咗山衛

[illegible]

海東逸史卷十七

翁洲老民手稿

忠義四

張梿字子隆號四岑鄞縣布衣坦率敦倫紀國變後日咄咄會剃髮令下閉户坐室中取酒獨酌摩其頂而嘆曰彼曲局者惡可以兵之乎乃徙竈下得炭滿甕和以水置床下爇之投身其上覆以重衾時方盛暑俄頃酒力墳盈而絕舁屍出已紺色矣丙戌六月二十日也

倪文徵字舜平山陰人以布衣為蒙師兼通醫術紹興破市酒肴飲里中少年求辦一事有諾之者偕至墓所命掘坎自瘞眾

駭欲散、文徵恚甚、曰、此何事、可誤我乎。或尼之曰、死義也、今某某等皆不死、汝一醫生、何自苦。文徵曰、人各行其志、惟諸公玉予于成也、一人曰、豈可使土侵膚乎。以二缸贈之、埋于坎中、文徵趺坐其内。命覆之。封其隙、衆環坐竊聽、徵聞其聲逾三時而寂。

朱瑋字鴻儒、山陰人。諸生。（南疆繹史：濟布衣）北兵至浙、避家梅里尖、江上師潰、人皆竄伏、瑋痛哭不已、曰、此日而、全歸之謂何。乃書絕命詞二語于几上、潛往礁石、躍水死。家人遍覓不得、見遺語始知其赴難也、年甫二十四。

鄭欽光、（南疆繹史：光作先）瑞安人、諸生、紹興破、自溺死。

紀年瑋作禕
繹史朱禕錄布衣
鄭欽光作欽先

據鄞縣志趙景麟字天生，[illegible]一人無赴泮池事，[illegible]業明史作布衣，[illegible]泮池死。

鄒之琦，永嘉人。諸生。紹興破，投水死。

張君正，浦江人。諸生。郡城破，自縊于（於）明倫堂。

傅日炯，字中貢，諸暨人。為諸生，與其族父平公同受業劉宗周之門。江干師潰，兩人相謂曰：吾義固當死，然俱有老母在，亦惟白于（於）老母，許死則死耳。平公白于（於）母，不許；日炯白于（於）母，許之。遂赴滔池死。平公乃養日炯母終身。

趙景麟，鄞縣人。諸生（明史作[illegible]）。寓居紹興。江上師潰，整巾服，懷所作文，走謁文廟，拜先聖畢，赴泮池死。鄞縣志趙景麟字天生，蓋一人，無赴泮池事，或由傳聞譌作二人，錄無礙，不敢臆改。

趙天生，鄞縣人。為諸生，有節概。丙戌六月，江上失守，題詩案上曰：書生不律難驅敵，何處秦庭可借兵，只有東津橋下水，西流。

直接汩羅清竟往城東躍入江水漁人救之舁還不食不語乃
强輿入太白山欲令食不可則為謬語以慰之或曰李侍郎長
祥克紹興矣或曰翁洲大將黄斌卿將奉監國來恢復矣或曰
石浦大將張名振奇捷矣或曰四明山寨下慈谿矣天生聞之
即進食如是者半年謬語漸窮而天生病亦稍愈聞出山中問
樵子輩以近事則循髮示之曰天下大定更何問焉天生大慟
踣地更不復食（食）竟餓死鄉人私　節愍先生
周西字方人定海衛人丙戌六月紹興破年僅二十六也嘆（歎）曰
楊鈇（鐵）崖稱老寡婦今其時矣遂棄舉業訓蒙養母所著詩古文
曰痛定集嘗（嘗）與友人書曰今日所斷不可當者妄欲以義士自

歟也夫何地非我朝之土何人非我朝之民又何倉庚非我朝
之粟不必為首陽頑民以自表異也所謂義士者當為蹈海之
魯連爭帝暴秦奮臂之陳涉特起發難張良之報讎翟義之討
賊駱賓王之草檄謝枋得之封(卿)号而死否則如陳咸之閉戶不
出梅福之逃吳門為市卒陶潛之終身為晋處(處)士此雖不得志
(於)于今亦當知重于(於)後而我皆未能也其敢侈談義士乎此書蓋
其自道云

張成義字能信慈谿人有異材為諸生受業劉宗周之門江干
師潰起兵不克行遯不返莫知所終

趙甸字禹功會稽人少極貧學消(備)以養親藝絕工時稱為趙孝

予長游劉宗周之門得其學丙戌後有高節隱于〔於〕緇時賣畫以
自給此所稱壁〔原闕二字〕士畫者也晚講學偁山即宗周少時讀書
地

葉尚高字而立樂清人溫州府學生亂後佯狂幅巾大袖行于
市太守見而執之賦詩云北風袖大惹寒涼惱殺溫州刺史腸
何似蜉蝣易生死得全楚楚好衣裳太守釋之不問丁亥二月
上丁觴〔觴〕水一杯釆芹一束乘〔太〕〔木〕釋〔奠〕哭于孔子之庭曰吾
師乎吾師乎繼泰山之已頹曾林放之不如乎太守至怒縶之
獄追五月四日語獄卒曰詰朝屈大夫沈湘之日吾其死夫俾
具湯沐至明自經

婁文煥 據嘆紀 禪貢生

朱錫齡字元序上海人諸生己酉松江破偕華亭蕭賓侯渡海而南寓舟山僧寺舟山破死之

婁文煥字長明象山人諸生舟山破痛哭具衣冠別親族拱坐海邊沙上潮至隨水湧去越數日屍復隨潮至顏色如生遠近驚以為神張名振在石浦聞之來臨哭焉

林世英福建人諸生舟山破殉節死

陳瑞芝定海人諸生北兵圍舟山其母李氏發也密紉衣上下連為一曰吾苦節十餘年不可使人見吾體及城陷即躍入井中死瑞芝倉皇自外至聞母死亦自縊李年三十六瑞芝甫十七也

○周容字茂三號鄮山鄞縣人為諸生受知黄宗羲能詩善書畫滄桑之際嘗渡蛟門脫友人之厄幾死不悔足迹遍天下所至皆有詩康熙己未歲有欲以博學鴻詞薦者嘆曰吾雖周容實商容也遂止所著有春酒堂集（此下著有春酒堂集）

○朱金芝字漢生（一云字者舊號晚庵）鄞縣人少從黄道周游得其易學甲申之變方在北都削髮南歸自號忍辱道人流滯白門又遭兵禍遂往來英霍諸山寨及太湖軍中幾死矣知海上之局始返里門亦牽連被捕亡命深山（不知所終）久之嘸然襆被長往或云直抵辰沅客河中幕中湘（湘王）殉節不知所終或云曾入滇中崎嶇從卒死王事或云投鄖陽山中為道士不可得而詳也所著詩集二十

乙丑六月
椎何騰蛟至湘潭殉節煙
中湘王謹忠烈

謝山先生內集云芝人至拔匠記
寓中湘王幕中湘殉節不知
所終　續耆舊傳一字晚庵

良佐　棠良佐字明輔
大同左衛人

尚書　小腆紀年云以兵部
尚書協理戎政

餘種皆散佚不傳

紀五昌字衷文鄞縣人性倜儻不欲以經生自位置所與游多奇才劍客受業錢肅樂之門肅樂航海死于閩家人不知五昌所在月餘而返乃知為哭肅樂閩也居太白山中足跡不入城市自言年六十二當終已而果然

趙自新字我完太倉人四歲失足墮井家人引綆出之無怖色年十一從父觀射飛矢中股醫者治之出鏃色不變喪母家貧身執廝養役而勤學弗輟崇禎十二年舉于鄉父老思就祿養十六年需次京邸忽心痛遂歸父果病劇乙酉詣州守請給僧牒微服出行祝髮于松江之會龍菴旋隱加（嘉）定之封家村既而

有謝姓者、告以應舟山之招、自新謝之、及事洩、逮者至門、自新與弟方奕、徐斂手、就縛、曰、吾久辦此矣、械至松江、絕食數日、不死、復械至江寧、時主讞者、為洪承疇、自新昂身前對曰、身為故國遺民、豈嘗須臾忘死哉、顧有志無其事、徒負虛名、竊用為愧、復鞫謝姓者、卒無實得、釋歸、旬日卒、年五十三、臨終謂其子曰吾生無益于世、歿後題墓石曰、明鄉進士憤道僧趙某、顧足矣、著作甚多、陳瑚陸世儀皆其弟

海東逸史卷十八

翁洲老民手稿

遺民

于穎字穎長號九瀛金壇人[illegible]四年進士由工部員外郎歷知順德西安二府罷歸福王立起知紹興府分巡寧紹台道南都亡北兵至杭穎密募兵舉義北帥使人以檄至穎執之禁其檄鳴鼓會衆誓于都亭以五百人夜赴固陵北兵在西岸未之知也乃沖潮徑渡盡驅西岸之船而東至中流北兵始知之無所得船穎軍上東岸大漈遂畫江而守一軍扼潭頭一軍扼橋司一軍扼海門一軍扼七條沙北兵搜內河船百餘江干又札

時乙酉閏六月十三日也

篺　鈎

木排填土。擬東渡。賴復遣死士沈其舟。會西北風起。木排飄向東岍。各營得句致以為用。賴謂諸將曰。杭已有重兵。攻之不易。莫若于下流。由橋司入海寕(寧)。出海鹽。以通震澤。上流。由潭(潭)頭入富陽。通餘杭。以扼獨松關。昨聞海寕兵已起。而富陽尚為北人所擄(所據)不可坐視。乃遣人夜襲之。遂通餘杭之道。于是方國安得駐七條沙。江干立國。北兵所以不能遽(遠)渡者。以賴之取富陽也。魯王至。越。擢按察使。行巡撫事。進右僉都御史督師。當是時正兵義兵爭地爭餉。內外交訌。賴以守土臣悉力支拄。而方王諸將終惡之。三疏乞休不許。丙戌六月。北兵至。列戍皆潰。王航海去。賴追從不及。乃由海道還京口。黃冠以終。

續耆舊傳云福王監國召為御史鄞縣志據莊元辰奏疏以御史[illegible]

林時對字殿颺鄞縣人崇禎十三年進士年未冠也授行人性恬淡嘗曰士人若愛一錢即不值一錢丁艱歸福王立起吏科都給事中（續耆舊傳云福王監國召為御史[illegible]）為阮大鋮所惡罷歸魯王監國遷太常寺卿佐孫嘉績幕事力主渡江熊汝霖之下毋寧時對實贊之擢都察院右僉都御史逾年而紹興陷遂歸又十八年而卒所著繭菴逸史皆紀國難事

李長祥字研齋四川達州人生而神釆英毅喜談兵是時獻賊縱橫蜀中長祥練鄉勇躬擐甲冑以助城守賊中皆知其名崇禎癸未成進士授庶吉士同里薛國觀方為首輔欲引為私人拒之京師陷南奔改監察御史巡浙鹽而南都又覆乃起兵浙

東。魯王加右僉都御史。督師西行。而七條沙之兵又潰。王浮海。長祥以餘衆、結寨上虞之東山。時浙東諸寨林立、顧無所得餉。四出募輸、居民苦之、獨長祥、與張煌言、王翊、且屯且耕、井邑不擾。戊子、監軍華夏為長祥聯絡布置。請引翁洲之兵。合諸寨以下西陵。議奉長祥為監主。刻期將集。而降臣謝三賓告之。大兵急攻東山。長祥匿丐人舟中。遁至奉化。依王朝先。朝先亦蜀人。得其資助。由健跳所入舟山。兵部左侍郎。兼官如故。辛卯舟山破、亡命江淮間、大兵得之京口、安置江寧、羈守之。長祥忽娶一妾、朝夕甚昵、守者謂長祥有所戀矣、稍懈。而長祥竟遁去、由吳門、渡泰郵、走河北、遍歷宣府大同、復南下百粵、與屈大

均處者久之天下大定始居毘陵築讀易臺以老焉著有天問閣四卷

黄宗羲字太沖號黎洲餘姚人端忠公尊素子為諸生受業劉宗周學行醇備家禍國難備嘗之矣北兵入浙孫嘉績熊汝霖等以一旅之師畫江而守宗羲亦合子弟數百人隨諸軍於江上人呼之曰世忠營授職方主事改御史總兵陳梧自嘉興之乍浦浮海至餘姚大掠職方主事王正中署縣事集民兵擊殺之亂兵大譟有欲罪正中以安諸營者宗羲曰借喪亂以濟其私致干眾怒是賊也正中守土即當為國保民何罪之有尋以宗羲所作監國魯元年大統麻頒之浙東馬士英在方國安營

欲入覲朝臣皆言其當殺熊汝霖曰此非殺士夫時也宗羲曰諸臣力不能救耳春秋之孔子豈能加於陳恆但不得謂其不當殺也汝霖謝焉又謂諸將曰諸公何不乘機決戰由赭山直趨浙西而日于江上放船鳴鼓攻其有備蓋意在自守也然蕞爾三府以供十萬之衆一年之後恐不能支聞者皆是之而不能用張國柱之浮海至也諸營大震廷議欲以伯爵餌之宗羲曰若是則與亂也何以待後乃

偽勝虜將軍始去與太僕陳潛夫尚寶朱大定主事吳乃武查繼佐及正尸等謀會師由海寅以取海鹽因入太湖以招吳中豪傑而江上師潰乃入四明山結寨自固己丑聞王在海上乃與都御史方端士赴之擢右

僉都御史、進左副都、時方發使、拜山寨諸營官爵、宗羲言諸營之强、莫如王翊、其乃心王室、亦莫如翊、諸營文臣輙自稱都御史侍郎、武臣自稱都督、其不自張大、亦莫如翊、宜優其爵、使之總臨諸營、以捍海上、遂拜翊右僉都御史、而是時諸帥之悍甚於方王、宗羲既失兵、日與尚書吳鍾巒坐船中講學而已、是冬命澄波將軍阮美使日本、以兵部右侍郎馮京第及宗羲監其軍以行、至長岐島、不得要領而還、久之以母老乞歸

黃宗炎、字晦木、一字立谿、人稱鷓鴣先生、餘姚人、忠端公次子、崇禎中貢生、畫江之役、兄弟步迎監國、事敗、入四明、參馮侍郎京第軍事、馮軍敗、隱居白雲莊、亂定、游石門海昌、鬻畫自給、

畫宗小李將軍趙千里工繆篆又善製硯所著有周易象詞尋門餘論易圖辨惑諸書

陳希友字孝廉長樂人舉人官兵科給事中鄭彩殺熊汝霖特疏參之不納知不為彩所容乃繳印披剃去

熊曰繪字遯木黃州人督師文燦子官兵科給事中與同僚陳希友同劾鄭彩草疏送督臣錢肅樂肅樂浩歎勸其火之曰繪大慟竟自去嘗有詩云一身如一惟存髮兩手無成剩有心

任廷貴籍貫未詳官太常卿舟山破從王航海至廈門尋至金門壬辰九月奉命北上至北茭洋舟覆得救遂剃髮為僧有詩云還將不二證西歸未遂黃冠即衲衣力任四十餘年事痴担

鄞縣志作沈光文

六十七年非翩翩野鶴隨雲適黯點寒梅關雪霏勘破瞿然成正覺澄潭明月自相依蓋亦志節士也

沈崇堉字宇昆慈谿人大學士宸荃族弟崇禎十六年進士授金壇知縣其父手書忠君愛國以清白家聲十字付之魯王監國擢兵部主事紹興破棄官耕於野順治庚寅黃陂王爾祿為巡海道以同年生屏車騎至海濱訪之崇堉稱病不起爾祿徘徊門外久之乃長嘆（數）而去

周齊曾字思沂（一字懽一）鄞縣人崇禎十六年進士授廣東順德知縣邑故多盜齊曾捕得其魁置之辟句之為逋逃主者乃中以飛語遂罷歸魯王監國起給事中紹興破痛哭入山結茅為菴託跡

禪以自晦更號囊雲（雲）袰足不入城市順治庚寅王爾祿為巡海

道以同年誼屢致書冀其一見終不至所著詩文清高曠逸絕

去烟火沒（沒）後鄉人欽其高風私謚曰貞靖先生

○萬宇泰字元發又字虞尊（虞尊）號蘖菴鄞縣人父斗樞官陝西巡撫

鄞縣志以斗樞為漢中巡撫未到任

一字元蕃 南庄翁先生 斗樞字□□崇禎戊辰進

宇泰少負才名乙酉六月從錢肅樂等起兵監國手諭獎之謂

七

不媿江東喬木授兵部武選員外郎尋以奉使過里門而江上

陷時斗樞尚在陝而陝已內附乃間道走歸父子並豫海上事

丙戌冬爝書自海（自海）至遂首被捕（謀者得之）戊子華夏王翊再被囚繫辛

卯（即）幾復株累僅而得免壬寅之逮尤為震撼雖幸得保而家（家）已

破矣所著有雪交亭集雪交亭者張肯堂翁洲所寓也宇泰愛

鄞山志六月之役斗樞

為女郎之廖淑北

據謝山先生撰墓表內載李之

油吾下云謀者即之の字

戊子歲叢王事津

鄞縣志以斗樞為漢中巡撫未到任漢中屬陝西

之故取以名其集

盧若騰字閑之號牧舟福建同安人崇禎庚辰進士名對稱旨即授寧紹台道僉事剔奸弊抑勢豪風裁凜然與寧波知府陸自獄平奉化姦民胡乘龍之亂浙人晏然京師既陷南都命以都御史撫鳳陽未行而南都又亡閩中拜兵部尚書撫軍永嘉甫至而事勢已瓦解徘徊鎮下關浮海至翁洲閒行入大蘭諸山寨又老壺㯃上謁若騰垂涕而遣之及海上之局一時同袍澤者並極莫逆諸人淪喪殆盡獨與張煌言同事最久竟依鄭氏以終

沈文光字文閑號斯菴鄞縣人以明經貢太學豫于畫江之役

鄞縣志作光文

授太常博士、浮海至長垣、再豫琅江諸軍事、擢工部郎中、閩師潰而北、扈從不及、聞粵中方舉事、乃走肇慶、遷太僕寺少卿、由潮陽航海、抵金門、當事以書幣招之、文光焚書返幣、及鄭成功克臺灣、遂依之以終、所著詩文甚多、皆賦臺灣風景。

朱憲宗一作顯宗、字闇生、崑山人、以歲貢授丹陽訓導、丁內艱、歸、福王時起補衢州府西安訓導、南都陷、逃兵敗將所至蹂躪、而衢當其衝、魯王命西安令守衢、而以顯(憲)宗攝縣事、撫輯兵民、勞績甚著、明年授監軍、理刑、專司餉事、轉餉開化、北兵至、被執、諭之降、不從、殺五弁相脅、終不動、械致金陵、知必死矣、有故交以百口保之者、放還、開化時、衢猶未下、守將知顯(憲)宗不屈而還(還)、請共事、顯(憲)

宗謝以病、衢兵復開化、强之、安撫甫三日、而衢破、遂歸、久之、卒於家

徐桐、字古木、嘉興人、有膂力、善射、挽兩石弓、百發百中、工擊劍、能飛斬人頭百步外、通詩古文詞、人目為文武才、紹興建國、當事薦為游擊將軍、率軍守嘉禾、城破、遂入太湖、後薙染為僧、號木頭陀、以岐黃術終其身、

小腆紀年颺作飂飂作飆

馮元飂字沛祖、慈谿人、天津巡撫元颺兵部尚書元飆弟、以五經中崇禎十六年進士、死於海外、年三十二

董守諭字次公〔浙江通志〕父世登性至孝工詩為諸生有名〔甬上耆舊傳〕守諭秉資耿介不俯同流俗〔浙志〕少受業於黃道周講學大滌山中〔全祖望卓蘭集題詞〕讀書討古窮極幽遠〔浙志〕倪元璐見其文大稱賞之〔題詞〕天啟四年舉於鄉與翁鴻業姜思睿齊名所謂浙東三俊也〔南疆繹史〕七試南宮不第而學日進名日盛東江初建尚書李白春薦守諭授貴州戶部司主事〔續耆舊傳〕時分餉分地之議起分餉者以孫嘉績熊汝霖之師謂之義兵食義餉以方國安王之仁之師謂之正兵食正餉正餉田賦所出義餉勸分無名之征也分地者某正兵支某邑正餉某義兵支某邑義餉也魯王令會議方王司餉者皆至殿陛譁然〔魯紀年〕守諭厲聲進曰公等今日所

為何事而不為咫尺天威地乎乃面奏分鑲分地非也當以一切正供悉歸戶部覈兵而後酌給之所謂義鑲者雖有其名不可為繼是散遣義兵之別名王以為然（黃宗羲撰墓誌）方王諸將不可戶部主事邵之詹乃調停之卒從原議守諭歎曰江上從此潰矣（續耆舊傳）無何王之仁請稅漁舟守諭謂其客曰今日所恃者人心耳料（羅案續耆舊傳作科）及漁舟其細已甚民弗堪也之仁又請塞鄞之萬金湖為田又請行稅人法又請官賣大戶祀田三疏既上兵士抽刃守諭門以待覆守諭疏言湖不可塞祀田不可官賣稅人必至激變之仁大怒謂行朝大臣尚不敢裁量幕府何物豎儒乃爾事事中格乎上言得孟軻百不如得商鞅一得談仁

講義之徒百不如得雞鳴狗盜之雄一遂折簡召守諭王雖惜守諭不能爲力陰使避之守諭慷慨對曰命吏生死聽於主上非之仁所能專臣歸死上前之仁能以臣血濺丹墀則可舉朝忿忿皆言若之仁殺饟司直反耳何名義師之仁亦迫於大義而止丙戌三月十九日思宗大祥廷議寂然邃守諭乃上疏曰臣聞忠孝節義由於朝廷之激厲濡忍偷安由於志氣之卑昏故舉一事而能令臣民上下有悲憤振肅之狀動一念而能令天地祖宗有式靈感格之忱萃渙合離全藉此道設人主於終天大恨置之若遺履之若忘則士氣不作士氣不作則兵氣不揚無論無以恢復亦無以立國也臣痛憶先帝焦勞十七載無

一日不思治求賢無一日不籌兵辦寇奈庸臣誤國頓遭千古未有之慘凡有血性忍忘先帝身殉社稷之烈乎臣去年窮居值此時日北望一哭幾絕痛恨南都臣子若遺若忘何怪忠孝節義掃地殆盡也今臣靦顏部曹皆先帝培養之餘澤驚心歲月當遺弓抱恨之春秋遊魂未返陵寢安存真一回思之一斷腸矣宋高宗每正月朔日率百官遥拜二帝不受朝賀今主上仁孝性成百倍高宗刻刻不忘報仇則刻刻不忘先帝刻刻不忘恢復則刻刻不忘三月十九日今年是日即魯監國元年追思泣血之首一日也臣請躬率臣民徧諭各藩軍士縞素哭祭每歲定以為制使人人切齒怒號庶君父大倫從此振起然後

昊穹悔禍神人共助報不共戴天之仇而建中興復古之烈也王著禮部傳示速為舉行(甬東正氣集)杭人陸培王道焜並殉節廷議賜謚不及道焜守諭爭曰兩人同死何由分其優劣豈以道焜非進士乎今進士而賣國者累累也道焜乃得謚節愍王累欲遷守諭官而難於代者命兼經筵日講江東内附(墓志)守諭遂行遯江滸朝夕涕淚有慰之者輒告之曰吾不能與汪長源陳木叔同逝尚何顏立人世其為詩歌徧哭所知之死國者淋漓悲悽令人不能自勝是時海上亦靖柳車從亡日在島嶼之間守諭不惜傾家助之以是盡落其所有(續耆舊傳)一日翁洲破相國張肯堂之孫孚入欲還里無有為之保者守諭曰此吾事也入

朱之瑜字楚嶼至海外復字魯嶼
又號舜水餘姚人少伉爽有志概有
持譜獻者謂朱文公子為餘姚令
家於此族人欲附之之瑜曰中有一世訛
脫即難徵信且人貴自立不必攀附
棠陽也寄籍松江成諸生提學御史
亓某以才備文武上諸禮部癸未甲申
兩奉徵辟明社既屋福王建號江南
總兵方國安薦防池口疏薦之瑜即家
授江西按察副使兼兵部職方司郎中
監國安軍馬士英方用事遣松人周某
偕同邑何進士東平招之之瑜念方爲終
談大計力辭遂省逐劾之瑜僊蹇不
奉詔將逮捕會南都亡遂解魯王監
國紹興黃斌卿亦奉表闕中勸進魯王
加斌卿肅國伯鎮舟山之瑜往依焉於斌卿
强悍不法數有所揉正承制授昌國知縣又
表授監察御史管理屯田事務聘軍前
贊畫均不應御史馮京第之自湖州軍破
也間關入四明王翊方用軍中會江上師潰

言於鹽司穿諭之干涉當道者惟此而已（墓誌）晚年困守一廬苦
心易學聚古今言易數十家攷其異同有得即鈔之積以成帙
逾甲辰卒年六十九縣令張幼學赴弔歎曰名可得聞身不可
得見也（續耆舊傳）子道權 謹據鄞縣志補

王正中字仲撝直隸保定人登丁丑進士第未謁選索游於高
唐州守以爲銀杠旦晚是敵物不如以此犒城免士女屠戮流
離之苦立要約使與議者押字仲撝與焉事平轉運者上失物
狀於是逮高唐守及仲撝論死繫獄數年刑科給事中李靖理
而出之降補揚州照磨移知長興縣國變後失官避地於紹興
截江時以兵部職方司主事攝餘姚縣事是時公私赤立剽奪

王光闕內地單弱欲藉海外之師為嚮應京第勸弒卿乞師日本弒卿因命弟孝卿副京第往之瑜從之撒斯瑪王許發罪人三千及洪武錢數十萬京第先歸之瑜留欲見將軍面陳方略而師不果出己丑魯定西侯張名振誅殺弒卿魯王駐舟山次年正月安洋將軍劉世勳疏薦監紀推官吏部侍郎朱永佑擬之瑜兵科給事中改吏科時禮部尚書吳鍾巒尾王兼督學政以閩國第一人薦將授翰林院官先後力辭王翊之朝王也見之瑜恨晚嘗屏人泣語悼時局之不終舉之瑜孝廉亦具疏辭辛卯舟山陷張名振奉魯王入閩之瑜飄泊海島轉徙日本交阯暹羅間甲午魯王特敕徵還敕書達交阯製處士衣巾焚香開讀東望涕零戊戌赴廈門朝王不果王在南澳己亥朝王金門時延平王朱成功兵部左侍郎張煌言督師舟山大舉入長江之瑜主建威伯右提督馬信營信台州副將降於張名振者也名振死以兵屬成功與惠青白東軍相結之瑜嘗往來

為豪市魁里正朝得劄付一紙暮便入民舍根括金帛係縲丁壯交錯道路郡縣不敢向問為某營也仲撝設兵彈壓各營取饟必使經由於縣品覈資產裁量以應之非是則為盜賊總兵陳梧敗於檇李渡海至姚鹵掠鄉聚仲撝遣兵擊之鄉聚相持角殺梧行□忌仲撝者以此聲討某謂梧之見殺犯衆惡也不當罪正中上疏救之乃止張國柱劫定海王總兵縱兵大掠列船江上入城牢掕者二千人仲撝攔止所圍大姓數家從仲撝丐命仲撝為之消息國柱終不得志而去田仰荊本徹先後過姚舟楫蔽江皆帖帖俯首不驚雞犬蓋人民之恃仲撝一時如決水之隄焉陞監察御史尚寶寺卿朱大定太僕寺卿陳潛夫

兵部主事吳乃武皆從浙西來受約束壇山烽火達於武林仲撝短小精悍喜於任事雖以武竄羣從得不爲列營所撓亦其智計有以副之也好讀實用之書不事文彩其言星象則從閩人柯仲炯於獄中受之行在初建進其所著監國魯元年大統歷丁亥訪其山中其時註授時歷仲撝受之而去壬辰來訪授以律呂辛丑來訪授以壬遁仲撝皆能有所發明自某好象數之學其始學之也無從叩問心火上炎頭目爲腫及學成而無所用屠龍之技不待問而與之言亦無有能聽者矣嗟然之音僅一仲撝又以饑火驅走南北丁未二月遇之越城爲言年來益困將於鑑湖濱佃田五畝佐以醫卜續食耳其年八月十九

軍閒克瓜州下鎮江皆親歷行陣未幾事敗信牧兵舟山兵事日蹙之瑜益傍徨無所向適日本定居順治十七年庚子也日本人要東守約周給之水戶藩侯源光國迎致公己巳自長崎至水戶十二月居東武丁未光國爲築第於駒籠別莊復至水戶常肩輿迎之入造膝訪遺東國未有學著學宮圖説光國依以創造凡古升古尺篚豆籩鉶之屬咸備又命儒者子弟從受釋奠禮倭奴片壤欣欣然知嚮學矣己酉年七十將辭歸不聽誕辰饗之後樂園臨第致祝以屏風爲壽繪東國及中[illegible]華耆德六人則戒内宿禰藤原在衡藤原俊成太公望桓榮文彥博也乙未年八十致祝如初先是之瑜循月制之文預以檜木治具辛酉疾甚光國遣醫官與山元建來視次年四月十七日時加未遂卒光國遣世子綱條親臨其喪葬於常[illegible]陸久慈郡太田鄉瑞龍山麓年八十三是爲日本天和二年我[illegible]大清康熙二十二年。王師下臺灣東成功孫克塽率宗室諸王降明猶亡癸亥光圀與陪臣集議謚曰文恭展墓薦少牢甲子構祠堂駒籠別莊皆親製文誄之之[illegible]生[illegible]以既而命白[illegible]月之[illegible]

京神武營總兵都督同知以忤闖削職特
旨昭雪授漕運總督都城圍急中表都御史
施忠愍公謂曰汝領敕已久何不去我入城拚一
死耳國變未赴任同南京應推補洋務提
督為阮大鋮所抑改推劉安行由總兵勍歸時
未兩月家無餘舊
新朝强起之不可總督陳錦欲殺之賴唐操江
隱威恢得免後以老壽卒仲兄之瑾諸生弱冠
即夭之瑜在海外遇先世忌日未舉嘗不舉
日本地多蚊有勸為紗廚以幃之者謝曰念先
父母葬域近城市先祖及高曾墳與王新建伯
祖塋鄰松楸甚茂兵後恐遭蹂躪先魄未安輾
轉思維不敢身處安逸耳凡中華人來必泣問
伯兄近狀娶葉氏生子元模元楷繼娶陳氏
生女高字柔端聘胡氏未娶元楷子毓仁毓
德毓仁生坤日得毓德生正函三傳而絕元楷
隱居教授己酉卒元模屢省父交阯厦門卒
母歿於海外之瑜嘗寄諭諸孫曰汝輩閉戶
讀書或為農圃漁樵孝養二親上也百工
技藝自食其力次之醫不得已傭賃度日惟

日仲撝卒年六十九權厝於山陰之陳常堰所著周易註若干卷律書詳註一卷子一人三捷嗟乎某與仲撝交二十餘年與之同事而無成與之共學而未畢仲撝生時已無人知仲撝者向後數年復更何如此紙不滅亦知稽山塊土曾塞黃河也謹據

黃宗羲撰墓表補

王思任（文第四卷末鈔） 章正宸

朱之瑜

慈谿 楊家駱 繩孫
王善長 子祥 校

[illegible]天涯如戴人年十二三遭世亂即身佩利刃或問之則曰脫有不幸以此畢命免抱羞辱於地下字何東平子東平即學上黯黜之瑜就徵者也忽東平出仕鬱鬱未嫁而亡之瑜深惜之尤篤於朋友之誼初以詩受知於魯大學士張國維朝列相知者陳函輝木叔張肯堂鯢淵國縣則鄭元實鄭斗東葉大受陳遵之族子錦雨尤與王翊吳鍾巒朱永佑契吳朱歿於辛卯舟山之陷翊同時招兵奉化不屈死死之日八月十三日也每歲中秋輒為位以哭稱為知友而以吳朱二君祔終身遂廢此令節與張名振書幸其將吏無忘國恥家讐勉力圖報又謂得郡得縣惟以得士為先之瑜之將返日本也厦門舟山諸將爭留之張煌言挽之尤力之瑜以海濱無田可耕坐而糜餉有負本志遂行初在交阯遇其王檄取通曉中華文字者被攝往至則長揖不拜交阯王怒錮禁之繼知終不可屈遺書諷令仕有太公佐周而周王陳平在漢而漢興[illegible]曰天禍明室不幸逃遁貴邦苟全性命如以中華喪亂遂欲委質他國皇天后土寔鑒此心大王不以無義誅之而復以此傷義士之志是猶與於殺之矣[illegible]異日[illegible]天意不可知瑜藉大王之靈[illegible]歸桑梓當舉貴國攜貳之端降封之故昌言於朝使聖主明見萬里貴國得世守藩維歲貢終王寧不賢於瑜之[illegible]乃縱[illegible]之瑜問學賅博少壯業[illegible]諮李契元及朱侍郎有詩數十篇附刻姚江詩存文集二十八卷皆海外所作日本正德二年源綱條刻之有[illegible]序日本高弟有安約子安積覺為今井將興之瑜行事僅見炳燭齋逸士傳恩復堂明遺民傳中又專及乞師一事衍緒族弟懔然奉檄赴日本[illegible]當心事衍[illegible]其遺事因獲文集以歸比而觀之考究其蹤跡詮次行事著之家乘

謹據朱衍緒家傳補

光緒庚辰間重修慈谿縣志，諸君子采訪所及，於勝國遺事竟不多覯，以游經兵燹，故家鮮有遺書，良用悒然。會癸未夏間，鄧芸汀邑侯（文沅）從常熟寓廬覓寄藏書來署，馮郁月孝廉可鏞覓得海東逸史一册，以獲於壁，攜以見示。內載邑中明季殉義者，沈宸荃、王翊、王江（江侍中沈調倫亦當是慈人否）、馮京第、魏耕、張成義、姚志方（附見慈谿令王玉藻傳）、沈崇瑜、馮元颺，自九人焉。視他本搜採者增兩三人，余亦喜甚，函屬鈔胥另爲副本，以備邑中掌故云。共計十八卷（計叄萬四千貳百叄拾餘字），署曰《翁州老民手稿》，不著撰人姓氏，想係故臣遺老手筆，隱其名耳。惜時無知者。上年翁州袁少眉行春、曾爾昌廷熾諸孝廉新脩《定海廳志》，知已藏事，當遺書詢之，傳同志有所採者以廣其傳，幸甚幸甚。

光緒九年長至後三日，橫山楊泰亨理園甫識